Paleolithic Turn

Pleistocity Press 2015

PLEISTOCITY PRESS

Prima edizione agosto 2015
ISBN 978-1516989980

© 2015 Pleistocity Press
www.pleistocity.com
www.pleistocity.blogspot.com

Pleistocity Press, di Maurizio Corrado e Matteo Meschiari,
è un marchio di stampa indipendente.

Printed by CreateSpace, An Amazon.com Company.

Paleolithic Turn

«Che faranno gli Ulhamr, senza il Fuoco? – gridò – Come vivranno? Chi li difenderà contro le belve e il vento gelido dell'inverno? Non potremo più scaldare i nostri corpi, e le punte delle nostre lance resteranno fragili e molli. Colui che saprà riconquistarlo sarà il fratello di Fauhm; avrà Gammla, figlia di mia sorella, e quando io morirò, il bastone del comando sarà suo!» Allora Naoh, figlio del Leopardo, si levò e disse: «Dammi due guerrieri dalle gambe forti e veloci, e andrò io a prendere il Fuoco dai Figli del Mammut o dai Divoratori d'Uomini, che hanno i loro territori di caccia sulle rive del Grande Fiume».

J.H. Rosny, *La Guerra del Fuoco* (1909)

Immaginate lo stesso paesaggio che avete davanti e pensate a come doveva essere 10 mila anni fa. Pensate a come possono essere state le vite di chi ci abitava. Spegnete la radio e la televisione. Staccate la spina del computer e del telefono. Guardate oltre il cemento, cancellate il rumore del traffico. Immaginate come dev'essere stato vivere in un mondo ecologicamente sostenibile in cui regnava l'armonia sociale. Poi iniziate a sfogliare questo libro e iniziate a farvi qualche domanda.

J. Zerzan, *Senza via di scampo?* (2002)

Indice

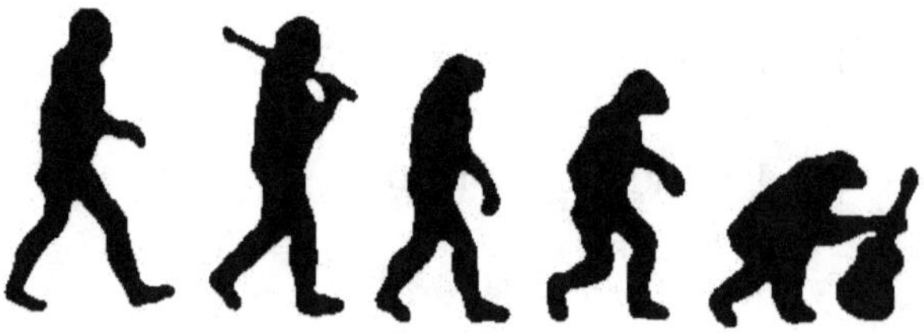

Premessa

Da quando il genoma di *Homo sapiens neandertha-*
lensis è stato interamente sequenziato si è potuto
accertare che intorno a 40.000 anni fa *Homo sa-*
piens sapiens, cioè "noi", ci siamo ibridati con "loro". Con un salto vertiginoso dal piano genetico-
diacronico a quello sincronico-ontologico, la notizia ha stimolato una messe considerevole di
(auto)commenti, molti dei quali registrati dalla
cultura visuale in rete. Da bruto lombrosiano a
good fellow della porta accanto, Neanderthal è diventato un catalizzatore identitario della surmodernità: specchio di fantasmi irrisolti e nuovo
meccanismo di posizionamento tassonomico
dell'umano, l'uomo-scimmia de-genere è stato
promosso a operatore di primo livello della macchina antropologica. Ma prima di lanciarsi in un
vertiginoso discorso filosofico sarebbe importante esplorare le declinazioni del caso nella *pop cul-*
ture, perché il trattamento delle immagini in Rete, nella pubblicità e nella stampa di divulgazio-
ne sta registrando in modo puntuale
l'autorganizzarsi di un sistema di metafore e di
un paradigma dell'immaginario che da un lato ci

racconta una sottocultura, dall'altro ci aiuta a individuare nuove zone sensibili nello studio della possibilità sociale. Chi sono i nuovi Neanderthal? C'è un nesso tra immaginario pre-umano e panorami *post-human*? Quale margine di movimento di beni, quali sacche di esclusione, quali scenari utopici e distopici vengono sdoganati attraverso la "neopreistoria" che attraversa in modo trasversale tutta la società contemporanea?

In genere si è d'accordo sul fatto che il paesaggio non è una mera porzione di territorio in cui componenti geologiche, biologiche e climatiche formano un sistema di relazioni complesse, ma che è quello stesso territorio *percepito, rappresentato e modificato* dall'uomo. In altre parole, c'è paesaggio solo quando lo spazio concreto s'intreccia alle azioni umane, quindi: niente cultura niente paesaggio. Se si ammette che l'uomo moderno di 40.000 anni fa era un essere culturale a tutti gli effetti, dotato di pensiero tecnico, sociale, ecologico, simbolico, rituale e mitico, allora i territori che abitava erano già in senso stretto dei paesaggi: visti, pensati e vissuti da uomini che li modellavano con atti materiali e immateriali, i cosiddetti "paesaggi culturali" sono antichi quanto la nostra specie. Il punto di partenza è che le strutture cognitive dell'uomo sono il risultato di pressioni ambientali di lunga durata: per due milioni di anni *Homo* ha vissuto esclusivamente di caccia e raccolta e il suo modo di leggere, pensare e interpretare il mondo era finalizzato a una comprensione minuziosa e dinamica dell'ecosistema, proprio per cacciare, raccogliere e adattarsi all'ambiente nel modo più efficace. Orientarsi, classificare, immaginare, raccontare, erano abilità necessarie per sopravvivere, e tutta la vita fisica e mentale dei nostri antenati era immersa nei paesaggi terrestri come in un liquido amniotico. Il nesso tra un uomo di 40.000 anni fa e l'uomo contemporaneo è la biologia che hanno in comune, una connessione anatomica, fisiologica, ma anche cognitiva e comportamentale. In questo senso *siamo gli stessi*, le nostre strutture mentali elementari sono le stesse, e anche se qualche millennio di storia ci ha spinto a inventare innumerevoli costrutti sociali, ideologici e cosmologici, alcune strategie di orientamento, classificazione, immaginazione e narrazione sono oggi l'eredità vincolante (ma non determinante) di un patrimonio genetico modellato nei paesaggi del Pleistocene. Studi genetici, neurocognitivi, etnografici e linguistici sembrano suggerire che la mente dell'uomo moderno sia in qualche misura "paesaggistica" (*Landscape Mind Theory*), nel senso che si organizza spazialmente e che, se lo fa, è perché nel corso dell'evoluzione è stata selezionata dai paesaggi *per* conoscere i paesaggi. Le strutture cognitive di orientamento e di organizzazione dell'esperienza, i saperi ecologici dei cacciatori-raccoglitori, le geografie induttive delle culture non occidentali, i casi d'inclusione del paesaggio nel linguaggio, i sistemi rituali e mitici inscritti profondamente nelle dinamiche di un territorio, sono libere invenzioni culturali, ma forse sono anche il riflesso di moduli cognitivi paesaggistici a base genetica. L'ecologia della mente di Bateson andrebbe presa alla lettera: il paesaggio, con la sua configurazione spaziale, con i suoi rapporti tra parte e tutto, con il suo dinamismo interno, con la sua esemplarità sistemica, è diventato una matrice di pensiero complesso, un modello *ready made* per pensare la realtà. Ogni società ha ovviamente sviluppato una lettura peculiare del proprio sistema ecologico, ma a volte è possibile riconoscere gli indizi di una radice biologica comune: un *pensiero-selvaggio-paesaggio* frutto di una selezione ambientale che si esprime con varianti culturali all'interno di ogni gruppo, e che funziona come una griglia induttiva per interpretare il mondo.

Ora, le reinvenzioni della preistoria che sempre più spesso affollano la Moda, l'Arte e la Rete sono probabilmente tracce di una cultura che per ripensarsi (e salvarsi) cerca di chiudersi ad anello sulle proprie origini genetiche e spirituali. In questo movimento esistono almeno due anime, una in primo grado, che scrive manifesti alla Zerzan, e una alla Rosny, che fa *storytelling* sapendo di farlo. Non sempre le due anime sono separate, e anche in questo libro ci sono zone di confusione voluta, con toni accorati che non escludono un *arrière-pays* ironico o disincantato. A cominciare dal titolo, *Paleolithic Turn*, che insiste sull'idea di svolta quando di *turn* ce n'è appunto uno a ogni svolta... Quello che però ci è chiaro è che, al di là del credere o del non credere nel Paleolitico Prossimo Venturo, è ormai tempo di elaborare un lessico che si lasci alle spalle tanto vecchiume teorico, politico e spirituale. «Izen duen gutzia omen» recita un antico proverbio basco, «tutto ciò che ha un nome esiste», ma possiamo farlo funzionare anche nell'altro senso: «tutto ciò che non ha più un nome cessa di esistere». Ed è questo che vogliamo fare con il nostro "Paradigma Pleistocene": smetterla di cercare di risolvere vecchi problemi, ma dissolverli, per dare un nome a quelli realmente presenti e che ancora attendono di essere nominati e quindi di essere riconosciuti. Concetti come "preistoria", "primitivo", "capitalismo", "biopolitica" hanno cessato da tempo di essere strumenti utili per orientarci nel nostro paesaggio culturale, storico e sociale. Non fanno altro che allungare la minestra, traducendo in forme nuove il lessico ormai esangue di quell'agri-cultura neolitica che sta esaurendo oggi il proprio ciclo. Da un punto di vista macrostorico, infatti, cos'è il capitalismo (anche nelle sue forme più sofisticate, smaterializzate, finanziarizzate) se non l'espressione dell'accumulo originario di risorse avvenuto con l'invenzione dell'agricoltura, l'inurbamento e la nascita della civiltà, della scrittura, della tecnica e delle istituzioni? Il Neolitico è, fin dalle sue origini, 12000 anni fa, capitalistico, e il capitalismo, a sua volta, è la forma economica dell'agri-cultura neolitica. Pensare oltre il Neolitico, pensare la mobilità, l'erranza, l'oralità, la de-stituzione e la de-possessione del Pleistocene, pensare l'esistenza in termini di caccia, raccolta e orientamento nel paesaggio, significa di per sé pensare oltre il capitale, la biopolitica, e le opposizioni storia ǀ preistoria, civile ǀ selvaggio, culturale ǀ primitivo che insistono da millenni al cuore dell'agri-cultura, ritornando come un mantra nelle sue autorappresentazioni. Pensare il Pleistocene significa smetterla di cercare di risolvere problemi vecchi quanto la civiltà, e invece scioglierli nell'enigma da cui scaturiscono, che è l'enigma stesso della civiltà.

Si tratterà, allora, di opporre ai mattoni delle istituzioni della civiltà il legno, il bambù e la terra cruda dei ripari nomadi, alla città l'accampamento – luogo di sosta nel transito e non di permanenza –, alla rappresentanza politica le comunità d'interesse, al capitale agrario la preda venatoria e il sostentamento della raccolta e del commercio, all'esercito il guerriero, alla massa l'individuo, ai profili digitali il volto, all'umanità l'uomo. Per questo, infine, ci libereremo delle immagini-specchio della "preistoria" e dell' "uomo primitivo" – inventate dalla civiltà per rappresentare se stessa attraverso quello che *non è* – per ritrovare quell'*Urmensch* che Warburg incontrò nelle *mesas* del New Mexico, l'uomo "primario", "originario", che ha bisogno di farsi immagini e raccontare storie per orientarsi nel paesaggio in cui vive: perché esso è l'uomo che noi stessi, già da sempre, *siamo*.

Un altro concetto oggi molto in voga che occorre rivoltare criticamente è quello di "antropocene". A ben guardare, al di là della sua apparente novità, esso non è che l'ultimo *avatar* nel processo di autorappresentazione di quell'agri-cultura affermatasi a partire dalla rivoluzione neolitica. In un certo senso, infatti, l'antropocene si può far coincidere con il Neolitico stesso, retrodatandolo di 12.000 anni rispetto alle stime di chi ha avuto bisogno dell'attuale crisi ambientale per accorgersi che la civiltà umana ha un impatto "geologico" e "atmosferico" sul paesaggio e sulla biosfera. Antropocene, dunque, non è l'avvenire, non è "the big next thing", ma il nostro presente, un presente iniziato quando abbiamo lasciato la foresta e le steppe per coltivare la terra e costruire i primi insediamenti. Pleistocene, invece, sono i 140.000 anni precedenti, in cui *homo sapiens*, pur essendo lo stesso dal punto di vista somatico e cognitivo, ha abitato "all'aperto" come cacciatore-raccoglitore, in una relazione con il proprio ambiente-paesaggio completamente diversa rispetto a quella dell'uomo civilizzato. Ma Pleistocene è anche l'avvenire, un avvenire che si sta

profilando nelle nuove forme di mobilità, di socialità e di cultura – una cultura che, non venen-
do dall'agri-cultura, ma dalla caccia, abbiamo
chiamato *hunture* – che stanno interessando le
nostre vite. D'altra parte sono molti i segni che lo
lasciano intravedere, uno dei quali è la nascita
stessa del concetto di "antropocene": come se
l'agri-cultura del Neolitico avesse cominciato a
prendere coscienza di sé proprio all'apice del
proprio sviluppo, e di conseguenza, all'inizio del
proprio declino. La nostra visione, riprendendo e
modificando la teoria dell'anaciclosi storica, è
che vi siano non solo dei ricorsi storici *all'interno*
della civiltà (come le "sincronie" di Spengler, ad
esempio: Alessandro Magno è sincronico di Napoleone, Assurbanipal di Roosvelt, etc.), ma che
vi siano anche dei cicli macroscopici di alternan-
za tra "civiltà" ed "erranza", tra "agri-cultura" e
"caccia", tra la stirpe cainita e la discendenza di
Abele, e che quella che stiamo vivendo adesso
sia la chiusura del cerchio della civiltà comincia-
ta nella "mezzaluna fertile" 12.000 anni fa. Per
questo, girando a ritroso la ruota della storia,
quello che viene dopo il Neolitico (e quindi dopo
l'antropocene) è il Pleistocene. Non è un caso allora che la guerra civile mondiale attualmente in
atto stia insanguinando i territori della "mezzaluna fertile" dove ha avuto origine la civiltà: Iraq,
Siria, Kurdistan, Israele-Palestina, Libano, Giordania, Egitto.

Quello che vogliamo registrare, dunque, è un duplice movimento: da un lato una storia delle idee, un modo che ha adottato la surmodernità per autorappresentarsi attraverso paleositi, paleocorpi e paleodiete; dall'altro qualcosa di molto più serio, e cioè che un ciclo storico millenario si sta chiudendo ad anello: l'agri-cultura si sta ripiegando su se stessa, e questo sta avvenendo in maniera straordinariamente precisa, ricapitolando a ritroso la storia della civiltà, fino alle guerre in Medio Oriente e alla devastazione dei resti delle prime civiltà mesopotamiche. È cronaca recente la distruzione da parte delle milizie dell'ISIS delle mura di Ninive, delle opere dell'arte sumera e assiro-babilonese contenute nel Museo di Mosul e di molti altri reperti provenienti dall'origine della nostra storia, in un progetto delirante di cancellazione della memoria della civiltà, tentando di reciderla alla radice. Di fronte a un simile orrore, però, il poeta, il visionario e lo scienziato che convivono in noi si rendono conto che c'è qualcosa d'inevitabile in tutto ciò, una necessità ferrea, il ricorso della ruota della storia che stritola quello che aveva creato. Che cosa separa e che cosa unisce due esemplari di *Homo sapiens* che hanno abitato la stessa terra a settemila anni di distanza, uno scolpisce delle immagini nella pietra, l'altro le distrugge con una mazza? Non si può pensare il Pleistocene se non come proiezione di Babilonia nell'anaciclosi storica. Prendendo in prestito una visione dell'architetto situazionista Constant, possiamo dire che l'oggi è "New Babylon", e il Pleistocene è l'avvenire, così come per l'antica Babilonia il Pleistocene rappresentava la memoria dei padri ancora viva nei canti e nelle leggende. Per questo occorre utilizzare correlativamente i due concetti di "arcaico" e "avveniristico", perché l'avvenire è sempre arcaico e l'*arché* è sempre a venire. Il modello spazio-temporale del Paradigma Pleistocene non è quello lineare, ma segue la geometria sferica riemanniana, quella su cui è basata la teoria della relatività. Se lo spazio-tempo è concepito come una sfera, la linea della storia diventa una spirale, un vortice, che si avvolge eternamente su se stesso ma non torna mai esattamente sul proprio tracciato, e si espande o si contrae a ogni ritorno. Il tempo dell'anaciclosi storica non è banalmente un tempo circolare che non fa che ripetersi ossessivamente, nevroticamente, su un piano bidimensionale, come un criceto che corre sulla sua ruota, ma è un tempo che pulsa nelle tre dimensioni di uno spazio curvilineo. Paleofantascienza? Può darsi. Ma un modello geometrico dello spazio-tempo aiuta a ordinare i pensieri, crea uno spazio, appunto, per il pensiero che è ancora da pensare. E ci permette di collocarci, di guardare allo scempio di Mosul con il groppo alla gola ma con la consapevolezza che si tratta del nostro presente inevitabile, New Babyolon, e che il nostro compito è costruire l'avvenire, pensare il Pleistocene e addestrare i

nostri figli alla saggezza della *hunture*, a muover-
si nel mondo che sarà oltre la civiltà, oltre l'agri-
cultura. E allora questo libro non è il primo passo, ma l'ultimo, prima di un salto nel fuori che è
cominciato da sempre.

Primavera 2015
M.F.M.

Paradigma Pleistocene

Matteo Meschiari, Maurizio Corrado, Francesco Gori

Tra civiltà e apocalisse, tra decadenza e progresso, c'è un'isola-che-non-c'è, un "prima" e un "dopo" che spaventa o che inspiegabilmente attrae. Gli storici lo chiamano Preistoria, gli ambientalisti Wilderness, i filosofi Utopia, ma più che uno spazio nel tempo o un tempo nello spazio è un modo di vedere il mondo per intuizioni, per lampeggiamenti, un sistema incoerente di visioni e d'idee che aiuta a pensare l'adesso-qui. Questo "Paradigma Pleistocene", da Giordano Bruno a Paul Shepard, da Lascaux a Keith Haring, attraversa in modo trasversale il pensiero scientifico, filosofico, religioso, emerge nell'arte e nelle abitudini alimentari, e si riassume in un'idea indimostrabile: noi siamo chi eravamo, fatti per muoverci e per stare fuori, siamo memoria genetica e incarnazione attuale dell'uomo del Paleolitico, i nostri gesti, i nostri processi cognitivi sono abitati dai suoi. Mobilità, leggerezza, manualità, ricerca dell'essenziale, materiali primari, comunità, racconto: le tracce di questa presenza visionaria nella cultura ufficiale sono

ovunque, sono positive, sono necessarie, per sopravvivere al bordo di ogni mappa, per immaginare qualcosa al di là del muro.

Quasi certamente lasceremo ai nostri figli e ai figli
dei nostri figli una Terra peggiore della nostra.
Quando si pensa a un mondo peggiore non bisogna pensare alla caduta dell'Occidente in mano ai
barbari, ma alla caduta degli ecosistemi terrestri
come li abbiamo conosciuti fin qui. Per fare fronte
al collasso l'uomo svilupperà tecniche di sopravvivenza alimentare, ambientale e sociale, ma non
è detto che sarà in grado di resistere. Perché la
tecnica non serve a niente senza una mente in
grado di affrontare con coraggio e ispirazione le
privazioni e le perdite che ci attendono.

Fanatismi religiosi o filosofie dello spirito non po-
tranno funzionare a lungo. Invece, se si deve pensare a qualcosa di veramente efficace, tornano in
mente i cacciatori-raccoglitori degli ecosistemi ar-
tici e subartici di 40.000 anni fa. Certamente avevano sviluppato tecniche di sopravvivenza basate
su strumenti e competenze ecologiche perfettamente adeguati al loro ambiente di vita, ma quello
che li ha davvero salvati dalla glaciazione è stata
la loro capacità di produrre immagini.

Io sto fuori e mi muovo. Come *Homo sapiens* abbiamo avuto questo comportamento per 200.000
anni. Poi circa 12.000 anni fa è iniziata una lenta

trasformazione di abitudini, abbiamo cominciato a usare coltivazione e allevamento per procurarci il cibo e grazie soprattutto all'agricoltura siamo diventati sedentari. Questo ha portato in un tempo relativamente breve alla nascita dei primi insediamenti stabili, poi alle città e a quello che chiamiamo civiltà.

L'agricoltore possiede, accumula, e deve difendere quella che è diventata la sua vera essenza. L'agricoltore è ciò che possiede, il cacciatore è ciò che conosce. I beni del cacciatore fanno parte del suo essere. I beni dell'agricoltore sono altro-da-sé, sono fuori dal suo corpo, altrove, e quindi asportabili, deteriorabili, necessitano di difesa e confini. Per il sedentario la mobilità diventa sinonimo di perdita e pericolo. Il cacciatore, invece, porta con sé il proprio campo.

La mezzaluna fertile è la culla della nostra civiltà, il tempo e il luogo da cui proviene la nostra cultura. È là che ebbe luogo la rivoluzione neolitica, l'unica autentica rivoluzione all'origine della nostra tradizione, rispetto alla quale ogni successivo sviluppo della storia non è che una nota a piè di pagina. Lo è l'Egitto lo sono i Fenici, lo è la civiltà Minoica, lo è la Grecia, lo è Roma, lo sono gli stati-nazione lo sono gli Stati Uniti. La mezzaluna fertile è l'occidente, dai Sumeri agli Egizi, passando per la Siria, la Giordania e Israele-Palestina.

La mezzaluna fertile è il luogo da cui tutto proviene, dove gli uomini hanno smesso di vagare per le boscaglie per stanziarsi, cominciare a coltivare la terra, e quindi sviluppare gli insediamenti urbani, le città, i palazzi, le opere di ingegneria, scrivere, dedicarsi alle attività di ozio, sviluppare la cultura. La mezzaluna fertile, però, non è il luogo da dove proviene l'uomo, ma il luogo da cui proviene la civiltà, la cultura "moderna", che nasce appunto come agri-cultura.

L'uomo però viene dalla caccia e dalla raccolta. Dalla selva, dal nomadismo. Così è stato per milioni di anni. L'agri-cultura è una parentesi di passaggio nella storia dell'umanità, e oggi è in crisi, sta declinando, sta svanendo. Lo vediamo nelle nostre vite: sempre meno, oggi è possibile, e ha senso, essere sedentari. Gli uomini del futuro sono nomadi. Gli uomini del presente sono semi-nomadi, o meglio semi-stanziali, sono parzialmente, frammentariamente insediati. Eppure qualcosa di permanente e primario ci abita. In opposizione alla "culture" bisogna cominciare a pensare una "hunture", che non è una cultura della caccia, ma un insieme di strategie cognitive "venatorie" che ancora possediamo, che esistono come prassi e paradigma nel nostro modo di orientarci tra le cose.

Torniamo indietro, a quel nocciolo primario. Ciò che chiamiamo arte preistorica, e che certamente

era tutto fuorché arte nel senso che noi diamo a
questa parola, non era una sovrastruttura intellettuale o un gioco gratuito elaborato e coltivato in
un eccesso di tempo libero. Era invece la prima e
più efficace tecnica di sopravvivenza mai escogi-
tata per resistere alla crisi ambientale, molto più
degli arpioni d'osso o dei vestiti di pelliccia.

Le immagini visibili nelle grotte di Lascaux o
Chauvet sono quasi sempre animali, ma animali
che solo di rado sono rappresentati in scene di
vita vissuta. Al contrario, si tratta di esseri estrat-
ti e astratti dal loro contesto etologico, collocati a
galleggiare in un generico liquido amniotico,
senza terreno, senza paesaggio, in un fuori senza
spazio e senza tempo che li rende più simili a
idee di animali che non ad animali in carne e ossa. Si tratta delle prime vere u-topie mai rappre-
sentate dall'uomo, immagini di un mondo da cui
lui, volontariamente, sembra autoescludersi.

Altre immagini e altre utopie: per la Bibbia il
passaggio all'agricoltura è siglato con un omici-
dio, con l'assassinio di un pastore, Abele, da parte di un agricoltore, Caino. Il suo nome deriva
dalla radice *knh*, possedere, ed è connesso con
kna, invidiare. Caino è necessariamente un assas-
sino, un bugiardo, un prodotto della necessità
dell'avere "di più" insita nell'agricoltura e assente nell'essere del cacciatore/pastore/nomade i cui
averi coincidono con le sue capacità, conoscenze

o con possedimenti mobili come gli animali. È significativo notare come a Caino sia attribuita anche la fondazione di una città, (Genesi, 4,17) la prima città che compare nella Bibbia e forse la prima città in assoluto. Quindi nella Bibbia il primo agricoltore e il primo fondatore di città (e, continuando con i primati, il primo proprietario e il primo fratricida) coincidono in una figura sola. Costruire e coltivare, chiudere e controllare, si mostrano come espressione di una medesima volontà, due facce della stessa medaglia, e vengono rappresentati come innaturali, sono atti contro natura che richiedono una giustificazione, un sacrificio cruento.

La crisi della civiltà può essere tracciata a livello geo-politico. È in corso una guerra mondiale, una guerra di civiltà che non ha niente a che vedere con lo scontro tra civiltà, una guerra civile-mondiale, come la definisce Schmitt, la guerra interna alla civiltà agraria che viene dalla mezzaluna fertile. E dov'è il teatro di questa guerra? Come non accorgersene? Nella mezzaluna fertile, naturalmente: Iraq, Siria, Giordania, Israele-Palestina, Egitto. Troppo evidente per essere notato, come la lettera rubata di Poe. La mezzaluna fertile è il luogo in cui si sta consumando la guerra civile mondiale, la guerra interna alla civiltà, e cioè alla agri-cultura, divenuta mondiale, e sedentaria. Mentre l'origine siamo noi, è qui, è il tuo corpo che hai dimenticato su quella poltrona.

Gesù dice a Lazzaro: "alzati e cammina (lazzaro-
ne)!" La civiltà, l'agri-cultura, è una società di
lazzaroni, di dormienti, di macchine.

Certamente nell'arte paleolitica si trovano anche
immagini di umani. Ma sono segnate da una in-
spiegabile fragilità tecnica, come nell'impossibilità
per l'uomo di vedersi chiaramente, frontalmente,
in modo compiuto. Questi balbettii lasciano invece spazio a un glorioso bestiario preistorico, limi-
tato nelle specie ma sovrabbondante nel numero,
che è stato reso con grande perizia realistica, con
minuzia di dettagli, con fermezza. A guardarlo è
come assistere allo spettacolo di un'umanità che,
osservando un mondo di soli animali, sta con-
templando al tempo stesso la propria assenza.

L'utopia spaziale della grotta è una specie di
"come se" narrativo: "come sarebbe il mondo
senza di noi?", "come sarebbe se noi fossimo
uguali a loro?", "come sarebbe se loro fossero
come noi?". L'animale diventa la nostalgia di
una semplicità atemporale perduta, che ha alimentato il sogno dell'anello di Re Salomone, i
miti aborigeni di una connivenza perduta con gli
animali, il dawinismo utopico della presunta pu-
rezza delle società animali, l'animalismo emotivo
e quello giuridico, la traduzione antropomorfa
dell'animale in bambino da compagnia o in antagonista ultimo dentro una *plaza de toros*. Una
nostalgia che è molto più antica del guasto indu-

striale, dei sensi di colpa postmoderni, così antica anzi da poterla immaginare all'origine stessa dell'essere *Sapiens*.

La nostalgia è la costruzione di un'altra storia che oppone il potrebbe essere all'essere. Un esercizio del possibile, come i sogni notturni, i voli sciamanici, l'arte, il racconto, la schizofrenia Ma la nostalgia, quando costruisce un "come se" utopico, è soprattutto il terreno del totalmente Altro. Quello che ci dice l'arte preistorica è che l'alterità dei filosofi e degli antropologi nasce *ab origine* come alterità animale. Il primo grande vero altro-da-me è stato l'animale. Ma l'animale dipinto o graffito, per il suo galleggiare fuori dallo spazio e dal tempo, per il suo liquido u-topico, era anche un *Altrove*.

Sono molti i segni che il ciclo si sta chiudendo: 1 La guerra nella mezzaluna fertile; 2 Il progressivo riaffermarsi del nomadismo; 3 Il ritorno delle tavolette, da quelle dei Sumeri ai tablet; 4 la trasformazione estrema del surplus agrario in virtualità finanziaria, la smaterializzazione definitiva della ricchezza. Il ciclo si sta chiudendo, stiamo tornando ai Sumeri e poi, alla foresta. È Babilonia lo stadio attuale, l'ultimo, prima della grande catastrofe e del ritorno della Wilderness sulla Terra. Come ha osservato Hakim Bey, «la fine del Moderno non significa un ritorno *al* Paleolitico, ma un ritorno *del* Paleolitico». Il Plei-

stocene è il nostro destino, cacciatori nomadi saranno i nostri pronipoti. Liberi, forse. Ma il Pleistocene, soprattutto, è ciò che comincia adesso.

Pensiamo all'esperienza in una grotta profonda.
La luce vacillante, l'eccesso di umidità, la man-
canza di ossigeno, l'incertezza dei punti di riferimento, il disorientamento percettivo. E pensiamo al fatto che l'immagine dell'animale era
integrata al supporto roccioso, ne sfruttava i volumi e i contorni per mettere in rilievo volumi e
contorni della figura. L'animale era la pietra che
inglobava, era la grotta da cui emanava, era la
spazialità disorientante che si portava dietro.
L'alterità per l'uomo del Paleolitico era prima di
tutto un Altrove, un paesaggio in forma animale che l'uomo non avrebbe camminato mai, se
non in sogno.

Poi Utopia, Alterità e Altrove hanno cambiato di
segno. L'inizio della coltivazione dei cereali ha
portato con sé alcuni dettagli che cambieranno
definitivamente il corso della storia. Non era
pensabile abbandonare il granaio, che può essere
considerato la prima vera architettura sociale,
stabile, riconosciuta. Quindi la soluzione era costruire luoghi in cui abitare intorno a quel nuovo
elemento che garantiva la disponibilità di cibo e
rappresentava la prima ricchezza materiale.
Questa è l'origine dei villaggi stanziali e delle
prime città del Medio Oriente. Ed è l'origine

dell'Altro come antagonista, e di un Altrove come promessa di riscatto.

Nell'estate del 2008, a Uelen, nella penisola della Chukotka, dei cacciatori locali di balene tornano a riva con la preda. Contravvenendo a regole sociali millenarie, anziché distribuire a tutti la carne, specie ai più poveri, decidono di metterla in vendita. La gente è incredula, pensa a manovre del governo centrale, parla di vergogna. Non quella che dovrebbe spingere i cacciatori a ricredersi, ma quella che i poveri provano adesso sentendosi ancora più poveri, quella che il giovane nutre verso i vecchi e verso gli spiriti degli antenati traditi. La balena però è stata messa in vendita per ragioni molto semplici: i cacciatori hanno bisogno di soldi, per procrastinare il loro debito cronico verso alcuni Russi che vendono loro un distillato micidiale, ricavato da acqua, lievito e zucchero.

Cosa lega l'utopia di una grotta paleolitica e la fine del mutuo appoggio presso una comunità autoctona dello Stretto di Bering? Cosa lega l'animalità, l'alterità e l'altrove al microcapitalismo inquinante, alle ragioni della vergogna sociale e alla disparità di fatto? Anche la storia dei cacciatori Chukchi è la storia di un "come se", non tanto perché può far pensare a come sarebbe il mondo del buon selvaggio se il capitalismo non l'avesse raggiunto, ma perché la piccola storia della fine di un mondo è in realtà la storia della fine *del* mondo, è quel "senza di noi" che attende l'umanità quando il resto del pianeta soccomberà nella crisi ambientale, economica, sociale, sapienziale.

La *hunture*, l'antica conoscenza dei cacciatori nomadi, è stata riposta in arcana dopo l'affermazione di Babilonia. Conoscere gli arcana, senza rivelarli, è oggi il nostro compito attivo. Non rivelare significa non volgarizzare, non commercializzare, ma non "non divulgare". Comunicare gli arcana a un maggior numero possibile di persone, ma per via diretta, da individuo a individuo, oralmente, nel gesto, nella presenza. La scrittura non può comunicare gli arcana. La scrittura registra le osservazioni che facciamo a Babilonia, le ordina, le classifica, ma non ci dà accesso agli arcana. La scrittura ci fornisce però le chiavi per la divinazione, disponendo nel cosmo della pagina i segni dell'anaciclosi storica. La scrittura è la premessa necessaria per la divinazione. Come tale, è un elemento fondamentale dell'addestramento, che verrà abbandonato solo al momento giusto, quando non sarà più necessario, come le rotelline dalla bici di un bambino. Ma noi questo non lo vivremo. Per quanto ci riguarda, la scrittura sarà ancora tra i nostri doveri.

La scrittura può condurre sulla cresta da cui si contemplano gli arcana, ma non li realizza. Gli arcana si vivono, non si scrivono. La verità non è una conoscenza, un'informazione, la verità non si può scrivere, ma si danza. *Essere la verità*, questo è l'insegnamento da consegnare ai nostri figli perché lo tramandino ai nostri pronipoti.

Ogni storia di un allora e di un altrove è sempre una storia del qui e dell'ora. Più che riflettere sul prima e sul dopo, o sui diversi gradi del lontano, occorre pensare a quello che accade oggi qui da noi, e al mondo che stiamo per consegnare alle prossime generazioni. Bisogna farlo non tanto perché riflettere potrebbe cambiare le coscienze, perché potrebbe convincere i molto-troppi ad accettare il buon senso, la decrescita, il rispetto, e quindi invertire *in extremis* un andamento ormai irreversibile. Bisogna farlo perché se i tempi saranno duri dobbiamo munirci fin da ora di strumenti per resistere dentro, coltivando forza e tenerezza sufficienti per non perderci.

Nella cultura mobile i rapporti avvengono in qualcosa di simile a una distesa omogenea attraversata da percorsi e costellata da punti significanti. Il modello di comportamento del cacciatore, antico e contemporaneo, è il medesimo, cambiano gli strumenti. Consideriamo come distesa omogenea il mondo, vero terreno d'azione del cacciatore contemporaneo, le piste sono quelle che fisicamente percorre con vari mezzi, automobile, treno, aereo. I punti significanti sono i luoghi in cui staziona, luoghi privilegiati come la propria casa, l'albergo, i luoghi di lavoro, di incontro, di svago. Questo è il paesaggio fluido nel quale si muove il cacciatore contemporaneo. È un paesaggio che sembra avvicinarsi a quello di un luogo omogeneo e opaco, attraversato da vie e cosparso di oasi, punti significanti di relazione.

Il problema è allora poetico e politico. Non servirà a niente reinventare l'economia e la società se non avremo coraggio. E il coraggio, come ci insegnano le grotte del Paleolitico, è sempre in un "come se", è nell'inventare storie che funzionano come uno specchio delle differenze, proprio come l'animale dipinto era il riflesso anomalo del cacciatore che lo contemplava. È di queste immagini che abbiamo bisogno, e di cui avremo bisogno sempre di più per rimanere attaccati al meglio di noi stessi. Ma per cercare queste immagini bisogna uscire nel fuori, bisogna lasciare i vecchi paesaggi culturali e ideologici, ed entrare nudi in uno spazio fuorilegge, fuori steccato, fuori dogma.

In tutte le società industriali lo sviluppo ha avuto lo stesso effetto: ognuno è inserito in una trama di dipendenza da prodotti e beni standardizzati al cui bisogno viene costantemente educato. È in atto una progressiva sostituzione di tutto ciò che non è negoziabile con beni e servizi industriali. La dipendenza da merci e bisogni preconfezionati ha sostituito la capacità di ideare e costruire le proprie soluzioni, è avvenuto un mutamento importante: sono cambiati i desideri. La libertà non è più desiderabile.

Si può allora resistere immaginando utopie, non quelle escapiste o dei parchi naturali dell'anima, ma quelle del qui e dell'ora, che funzionano come specchi critici, come invenzioni di quell'inutile che salva la mente quando tutto sembra perduto. L'utopia che serve ha a che fare con la Terra che stiamo perdendo. Immaginarla, camminarla, farla entrare nelle logiche del pensiero non ci eviterà il peggio davanti a noi. Ma ci permetterà di fare esercizio di resistenza, di conoscenza e di memoria, cose di cui avremo bisogno, e di cui avranno bisogno i nostri figli.

C'è una concezione del mondo che vede nel *divenire* il destino comune a tutto ciò che esiste. Intorno a quel filo rosso che lega Eraclito, Bruno, Bergson e pochi altri tra i filosofi, ma molti altri tra mistici, musicisti e artisti, si troveranno argomentazioni, indizi e approfondimenti utili al nuovo cacciatore mobile contemporaneo. Va detto che quella del divenire non è affatto una condizione comoda, tutt'altro, implica un distacco costante e inevitabile da ciò che amiamo e da ciò a cui ci abituiamo, una continua rimessa in di-

scussione che può risultare lancinante e spossan-
te, è un cammino fatto di continue morti e resur-
rezioni, implica essere e non avere, ci vuole forza, volontà, desiderio. Gambe in movimento,
cervello e occhi sempre aperti.

Hybris prometeica: voler dominare intellettual-
mente il mondo, prevedendone la catastrofe, spie-
gandone le cause, comprendendone le ragioni, di-
mostrandone l'inevitabilità. Saggezza dionisiaca:
imparare a dominare se stessi conoscendo il proprio corpo. Imparare a danzare. Divenire sciamani.
Svegliarsi. Ed essere primari, non primitivi. Pleistocene non Preistoria. Paleolitici oggi, non domani.
Apocalisse ieri, non davanti a noi.

Hunture. La svolta paleolitica
Francesco Gori

La cultura a cui apparteniamo ha avuto origine circa diecimila anni fa con la cosiddetta "rivoluzione neolitica", che ha prodotto la nascita dell'agricoltura, la creazione dei primi insediamenti urbani e ha portato alla comparsa della scrittura, attorno al 3200 a.C. La nostra "culture", insomma, è fin dal principio inseparabile dall' "agriculture", di cui è espressione diretta: coltivazione della terra, stanzialità, inurbamento, sviluppo della tecnica, scrittura, archiviazione (del grano, delle informazioni, della memoria), infatti, costituiscono nel loro complesso l'orizzonte dell'agri-cultura, dalle prime comunità stanziali del neolitico all'odierna *civitas* globale.

Come mostrano numerosi segni, però, la civiltà agraria a cui apparteniamo, successivamente divenuta civiltà industriale (secondo il medesimo principio della produzione di un *surplus*: prima di grano nei granai e poi di capitale nelle banche), sembra oggi avviata verso l'esaurimento del suo ciclo storico. Dopo dodicimila anni di consolidamento, la superficie della civiltà stan-

ziale si sta incrinando, lasciando trapelare tra le
sue crepe nuove forme di vita nel segno della
mobilità, della frammentazione e della disseminazione, per scelta e/o per necessità. Se, infatti, le
genti del sud e dell'est del mondo sono costrette
a un'esistenza da profughi, in fuga permanente
dalla guerra, dalla fame e dalla siccità, anche nei
paesi ricchi del nord e dell'ovest, a seguito della
deindustrializzazione e delle continue rivoluzio-
ni delle tecniche di comunicazione, nuove modalità di lavoro e di socialità stanno spingendo porzioni crescenti della popolazione a una incessante ri-localizzazione per (in)seguire percorsi di
formazione, aspirazioni lavorative, relazioni sen-
timentali. La "società liquida" di cui parlava
Bauman si sta così avviando verso un ulteriore
stato di rarefazione, assomigliando sempre più a
una nube gassosa, un "cloud", come nella nuova
frontiera del digitale, in cui tutte le informazioni
vengono stoccate in una "nuvola" (apparentemente) impalpabile, compresi il nostro lavoro, i
nostri affetti, il nostro impegno politico, portan-
do anche gli abitanti dei paesi ricchi, per una via
opposta, a una condizione di semistanzialità, se
non di nomadismo incipiente.

"Semistanzialità" e "nomadismo" possono essere
utilizzati per descrivere, rispettivamente, le condizioni materiali e mentali in cui vive quello che
– con un inconsapevole ossimoro – si è soliti
chiamare il "cittadino globale". Il suo modo di

abitare non ha niente dell'autentico nomadismo
(quasi nessuno vive in tenda, spostandosi sta-
gionalmente), ma si definisce nella forma della
semistanzialità: di appartamento in appartamento, di città in città, di lavoro in lavoro, a intervalli
anche molto brevi, di pochi mesi. Un fenomeno
come il successo commerciale di Ikea, ad esempio, non avrebbe potuto affermarsi in un mondo
puramente "agri-culturale", imperniato sulla
stanzialità e sul vincolo tellurico: se siamo dispo-
sti a vivere in appartamenti anonimi, arredati
con un mobilio *cheep* e standardizzato, è perché
presto ce ne andremo da un'altra parte; e spesso
conviene lasciare tutto, o buttarlo via, che affrontare i costi di un trasloco, magari da un continente a un altro. Siamo così condotti alla *mente* del
cittadino globale, che è invece nomade, gassosa,
inafferrabile, perennemente proiettata in un altrove comunicativo, lavorativo, relazionale, sen-
timentale. Per questa ragione, se il nostro abitare
ha la forma del catalogo Ikea, il nostro immaginare, pensare, sognare ha assunto i contorni dei
social networks digitali, che nel giro di pochis-
simi anni sono diventati la "piazza" in cui tutto
(e quindi, in definitiva, nulla) accade. Da questo
punto di vista, Ikea e facebook, in sé, non sono
idee né buone né cattive, ma idee che incontrano
lo spirito del tempo, che lo assecondano, che pet-
tinano la storia per il verso del pelo. La loro genia-
lità, semmai, consiste nel fatto che vengono per-
cepite come indispensabili, presentandosi come la

soluzione a un problema che, di fatto, non fanno
che alimentare: il dimorare del cittadino globale, il
suo radicamento in un luogo, è andato distrutto e
Ikea gli fornisce in cambio di pochi spiccioli la
possibilità di arredare la sua solitudine, il suo tes-
suto sociale è stracciato e i media sociali gli fanno
lampeggiare la spia della chat ogni volta che si
sente perduto. In questo senso, Ikea e facebook
sono il bypass cardiopolmonare che tiene in vita il
cittadino globale nel deserto della sua esistenza,
facendo battere il suo cuore e pompando aria nei
suoi polmoni, dandogli l'impressione di essere si-
tuato, di avere una presenza, un corpo, un luogo,
di fare parte di qualcosa.

Lo sradicamento, la mobilità fisica e mentale, la
proiezione costante in un altrove, vissuto o im-
maginato, che sgretola l'attimo presente in un
pulviscolo di esistenze chimeriche, è la forma del
tempo attuale. Il nostro qui e ora. Il qui e ora del
pianeta Terra. È lo sradicamento, infatti, il de-
nominatore comune tra i sogni di libertà della
borghesia ingorda del nord-ovest e l'esistenza
raminga dei popoli del sud-est, che trascinano le
loro radici recise in una migrazione senza posa.
Una mostra-installazione organizzata nel 2008
dal documentarista Raymond Depardon e
dall'urbanista e filosofo Paul Virilio presso la
Fondation Cartier di Parigi è riuscita a cogliere
con perspicuità questo fenomeno, restituendolo
visivamente all'interno di uno spazio espositivo.

Terre natale, Ailleurs commence ici: è questo il titolo, le due parti del quali sono riferite al contributo dei due curatori. Al pian terreno la "terra natale" di Depardon: due documentari su popoli radicati nel loro territorio, che ancora parlano lingue antiche e quasi estinte, e praticano i mestieri dei padri dei loro padri, le cui tradizioni sono minacciate dall'alzarsi della marea della globalizzazione. Nel seminterrato, invece, si scende con Virilio negli inferi dell' "l'altrove che comincia qui", sia esso l' "alienazione digitale" dei sofisticati nord-occidentali, che non appartengono più a nessun luogo ma sono "chez eux" soltanto nello spazio virtuale dei loro circuiti telematici, della loro posta elettronica e dei loro profili online; o, ben più drammaticamente, l'erranza senza meta dei popoli-fantasma del sud-est del mondo, costretti a fuggire di miseria in miseria. In particolare, l'eterno altrove di queste donne e questi uomini senza nome e senza più storia, "altri" perfino a se stessi, è restituito da due videoinstallazioni di grande impatto, una delle quali mostra, in uno schermo circolare, i numeri dei flussi migratori, sconvolgenti sia per la loro entità (le proiezioni parlano di "un miliardo di migranti" per il 2040) che per la loro rapidità.

Dopo dodicimila anni la nostra (agri)cultura letterata, basata sulla stanzialità, l'inurbamento e la scrittura, sta completando il proprio ciclo, dando vita a nuove modalità di nomadismo, di memoria visiva e di oralità: non solo la sofisticata neo-oralità dei nord-occidentali telematici, ma anche l'inevitabile analfabetismo dei popoli erranti del sud-est. Cos'è dunque l'oltre della cultura? Cosa viene "dopo" il neolitico girando a ritroso la ruota della storia? Il pleistocene superiore, la lunga era in cui *homo*, attraverso una lentissima evoluzione, ha fissato il proprio corredo genetico e le proprie abilità cognitive. Da un punto di vista biologico-evolutivo, infatti, si può dire che la storia non è finita con Napoleone, con Auschwitz e con la Bomba, con la caduta del muro di Berlino, o con l'11 settembre, ma quando *homo* ha lascito l'erranza della sua vita nomadica di cacciatore-raccoglitore, nel corso della quale ha sviluppato tutte le sue capacità cognitive e motorie, per cominciare a condurre un'esistenza stanziale, sviluppando l'agricoltura, e da lì tutte le altre tecniche "urbane", dall'architettura alla scrittura. Quello dell'inurbamento e dell'alfabetizzazione, però, non è un progresso lineare ascendente, senza battute d'arresto, ritorni e ricorsi storici. Ne è prova il nostro presente storico che, pur situandosi al culmine della civilizzazione e dell'inurbamento, sembra condurre fuori dal cerchio concettuale dell' "(agri)culture" – stanzialità, inurbamento, letteratura – per aprire a nuove forme, più o meno coatte, di nomadismo, delocalizzazione e oralità. Per questo a partire dalla seconda metà del secolo scorso antropologi, primatologi, biologi e filosofi hanno comunicato a concepire il Paleolitico non più come un'era sepolta nella nostra preistoria, ma come una superficie di proiezione sorprendentemente fertile per pensare l'avvenire della nostra specie, sempre più protesa verso modalità di abitare lo spazio, il tempo e le relazioni che ha in sé qualcosa di avveniristico e di arcaico al contempo. Se, da una parte, infatti, la rivoluzione digitale, l'incremento vertiginoso dei trasporti, la nascita di nuove professionalità e il collasso delle tradizionali istituzioni politiche, sociali, religiose, educative e culturali, ha prodotto una mobilità lavorativa, geografica, cognitiva e relazionale senza precedenti nella storia documentata; dall'altra, queste nuovissime modalità di esistenza, rompendo il vincolo con la terra instauratosi all'inizio dell'era neolitica, riportano l'eco di un'umanità arcaica, errante, che percorreva le vastità del pianeta sostentandosi con la caccia e la raccolta. Una svolta critica, quella "verso il paleolitico", che il pensatore libertario Peter Lamborn Wilson, al secolo Hakim Bey (quello delle "zone temporaneamente autonome", per intenderci), ha condensato in una formula: "la fine del Moderno non significa un ritorno *al* Paleolitico, ma un ritorno *del* Paleolitico".

Hakim Bey non è l'unico intellettuale ad aver concettualizzato una simile svolta, le cui tracce si possono ritrovare nei luoghi più insospettati della cultura del secolo scorso. Uno di questi è

l'opera di Aby Warburg, storico dell'arte e padre
dell'iconologia moderna, il quale tenne nel 1923
una conferenza sulla popolazione semistanziale
degli indiani Hopi, che aveva avuto modo di conoscere in un viaggio giovanile. All'epoca Warburg era ricoverato da anni in una clinica psichiatrica, affetto da un forte disturbo bipolare, e
pronunciò la conferenza di fronte al personale e
ai pazienti della clinica per dare prova di aver
riacquistato le sue facoltà mentali. In quella cir-
costanza, anziché tentare di dimostrare di essersi
reintegrato nelle forme dell'agri-cultura a cui
apparteneva, egli si identificò con gli schemi cognitivi degli indiani, mostrando come il "bipola-
rismo", considerato sintomo patologico dalla
scienza psichiatrica, costituisse invece la forma
universale con cui gli uomini, "in ogni epoca e in
ogni cultura", si relazionano con l'universo circostante mediante immagini e simboli. Come ha
osservato l'antropologo Carlo Severi, "lo studio
delle immagini condusse Warburg
all'esplorazione di fenomeni psichici di ordine
generale, legati all'esercizio di un pensiero visivo
nell'uomo, e non soltanto all'interpretazione
dell'arte europea"; un pensiero visivo che si
orienta nel cosmo mediante la costituzione di
schemi simbolici basati sull'identificazione di
coppie polari (commestibile | velenoso, utile |
dannoso, buono | cattivo, amico | nemico, etc.).
Come è noto, sul finire degli anni '60 il maestro
di Severi, Lévi-Strauss, definì "pensiero selvag-

gio" questa modalità cognitiva legata alla sensi-
bilità e all'istinto, che opera per via sinottica e
analogica piuttosto che per via logico-
sequenziale: un sapere capace di stabilire nessi e
inferenze istantanee, di ricostruire per via con-
getturale eventi passati, di fare previsioni basate
sull'esperienza, di interpretare sintomi e indizi, e
di recuperare la memoria culturale attraverso
l'oralità, stabilendo rapporti di somiglianza tra
serie distinte (come avviene, nel totemismo stu-
diato Lévi-Strauss, tra specie animali e clan
umani). Alla luce della breve ricostruzione (pro-
to)storica, possiamo proporre un'altra denomi-
nazione di questa *forma mentis* avveniristica e arcaica, riprendendo quello che Carlo Ginzburg
negli anni '80 ha chiamato il "paradigma venato-
rio" dei cacciatori-raccoglitori del pleistocene
superiore: *hunture*, in alternativa al pensiero lo-
gico-discorsivo della *(agri)culture* e alla sua dialettica assimilante. È la "hunture" semiologica e
non la "culture" ontologica, infatti, il "paradigma del pleistocene", grazie al quale i nostri pro-
genitori sono riusciti a sopravvivere di caccia e
raccolta per millenni di erranza nell'era glaciale,
decifrando tracce e tramandandosi storie. Una
forma di pensiero che appartiene tanto alla nostra preistoria quanto al nostro avvenire, così
come il paleolitico sembra profilarsi – almeno in
senso metaforico – come il tempo verso cui è avviata la tarda modernità: cos'è infatti, lo stadio
successivo, dopo la modernità liquida, se non la

postmodernità gassosa, sradicata da qualsivoglia territorio, smaterializzata, *nomade*?

Situata contemporaneamente al di qua e al di là della "agri-culture" neolitica, la *hunture* del pleistocene si presenta come un pensiero del "come", non una scienza del "che cosa", un sapere che non può essere scisso dal sentire e dall'individuo che sente, dalla sua capacità di orientarsi nello spazio, di leggere i segni, di interpretare le tracce, di prendere decisioni in prima persona; un sapere che è sempre un sapere "di qualcuno", come la maestria del macellaio dell'apologo taoista, che non consuma il suo coltello perché taglia nel vuoto tra fibra e fibra, tra ossa e legamenti. Un sapere vuoto, dunque, "sapere di non sapere", sapere del vuoto, conoscenza della "via" di cui non si può parlare né scrivere, ma che si può soltanto mostrare con un gesto e tramandare singolarmente, da individuo a individuo.

La mano sulla pietra

Matteo Meschiari

1. La vita sulla Terra è più antica di qualunque paesaggio esistente. Il suo particolare statuto ontologico ci permette di riconoscere in una ghianda qualcosa di più antico di ogni pietra islandese o bretone, e le radici che allungherà nella terra sono fin d'ora e sono state quei paleo-organismi che agitarono di vita il mare primordiale. Se allora dobbiamo pensare all'arte con un'immagine del mondo naturale dovremmo pensare alla pietra, meno accesa, meno malleabile della vita, ma in grado di assumere forma e significato sotto le dita dell'uomo. La pietra tornerà spesso in questi appunti, che cercano una via per parlare oggi, e in termini concreti, di una matrice unica nei modi di rappresentare e pensare la Terra. Della pietra l'aspetto geologico sarà appena sfiorato, mentre la pietra scheggiata, graffita e dipinta del Paleolitico sarà il terreno costante di questa riflessione. La civiltà dei Cacciatori Arcaici, iniziata circa 40.000 anni fa, conserva intatti, nelle manifestazioni dell'arte rupestre, tutti gli elementi decisivi per pensare gli sviluppi futuri delle poetiche orientate alla Terra. Sul tavolo possiamo te-

nere alcuni libri: *Origini dell'arte e della concettualità* di Emmanuel Anati, *Sol absolu* di Lorand Gaspar, *Fundaciones* di Juan Liscano, *Le plateau de l'Albatros*. *Introduction à la géopoétique* di Kenneth White e un catalogo delle opere di Richard Long. Fuori dalla finestra si agita la chioma di un grande ippocastano. Nasconde la linea in foschia degli Appennini.

2. Circa 10.000 anni fa si verificò un cambiamento radicale del clima. Da qualche decina di migliaia di anni il freddo artico era dilagato a Sud e i paesaggi dell'Europa si erano trasformati in terre glaciali, con deserti freddi, brughiere e grandi reticoli glaciali. Poi, per ragioni non chiare, la temperatura globale aumentò e il paesaggio mutò nuovamente. Con lo sciogliersi dei ghiacci i mari si sollevarono di un centinaio di metri, le pianure furono allagate, distese d'acqua immense occuparono le depressioni e molte terre si fecero paludose. Mammut e rinoceronti lanosi si estinsero, e l'uomo fu costretto a modificare le proprie abitudini alimentari. Il clan, che aveva ragione di esistere per imprese collettive di caccia ad animali di grossa taglia, si spezzò. I grandi bivacchi divennero piccoli insediamenti, il nucleo famigliare si circondò di una nuova solitudine mentre un'arte e un'ideologia religiosa uguali a se stesse da millenni entrarono in crisi. Proprio nel periodo in cui si consolidava l'ultimo grande mito comune, quello del diluvio, riflesso

del sovvertimento idrogeologico del primo post-
glaciale, il resto dei saperi si frammentava, si
sperdeva, oppure si rinnovava in modo autono-
mo e locale, e l'arte, probabilmente la lingua e la
poesia, assumevano tratti regionali e vernacolari.
Questo processo, innescato con il concludersi
della grande Era Glaciale, si è protratto senza in-
terruzione fino alla fine del nostro millennio, fino
a una quarantina d'anni fa. Poi è iniziata una fase
in controtendenza, e proprio in questi ultimi
tempi la rete planetaria delle comunicazioni ha
aperto una nuova crisi, anzitutto una crisi
d'identità. Ci si è resi conto che una dimensione
globale della cultura è un fatto concreto e ben
avviato, e che, per converso, ogni regionalismo e
folclorismo del sapere – non i saperi regionali e i
folclori – sono un pietoso anacronismo. Ecco allora che l'Occidente va in Oriente per criticarsi,
qualche poeta lungimirante va all'estremo nord
o all'estremo sud del pianeta per criticare i grandi centri, mentre le nuove epistemologie critica-
no tutto a 360 gradi. È come se ci si fosse resi
conto che le terre da esplorare sono finite, o che è
finito il modo classico di esplorarle. Dove possiamo andare?

3. *Homo sapiens*, dunque la nostra arte e la nostra
concettualità, sono nati in Africa, in una specie di
crogiolo delle razze in cui la ricerca genetica naturale ha sperimentato molte vie per trovare la
formula adatta, quella che garantisse il massimo

di sopravvivenza al genere umano. Non più
mandibole in grado di frantumare ossa e noci,
ma una qualità interiore destinata a diventare attitudine, la curiosità. Al contrario dei gruppi
ominidi precedenti, che tendevano a radicarsi
per sempre in un territorio, *Homo sapiens*, per ragioni esterne ancora ignote, ma sorretto certo da
una forte curiosità, si mise in viaggio, e arrivò
nel giro di diverse generazioni a colonizzare i
cinque continenti. Il suo bisogno di esplorazione
lo portò ai limiti delle terre che aveva percorso, e
proprio dove non poteva andare oltre produsse
pensiero più che altrove. La massima concentra-
zione di arte rupestre sembra infatti collocarsi,
nei vari paesi, a un vicolo cieco di una migrazione. L'area franco-cantabrica si scontra con
l'Oceano Atlantico, il sud della Spagna ha un
ostacolo nello stretto di Gibilterra, l'estremo sud
dell'Australia ha davanti la barriera dell'Oceano
Indiano, la Patagonia è l'ultimo lembo camminabile prima di un altro Oceano, e così pure
l'Africa meridionale. In tutte queste aree *Homo
sapiens* ha dovuto arrestare il cammino fisico, ma
attraverso l'arte ha potuto proseguire il viaggio,
spezzando le barriere tra sé e la fine delle terre,
tra sé e il sommerso che covava in lui. A ben
guardare, in questi anni, non viviamo una condizione troppo diversa da quella del nostro antenato nomade alla fine del viaggio. Abbiamo bisogno di spazio e invidiamo gli ultimi grandi
esploratori del secolo scorso. Ora ogni tratto di

terra è percorribile, ogni mare è sorvolabile e na-
vigabile, e l'esigenza di movimento, di superare
le prime colline nell'orizzonte africano di 40.000
anni fa è sempre viva e corroborata da nuovi
eventi. Mai come in quest'epoca in cui sono finiti
i grandi viaggi si parla di viaggio, mai come ora
si tenta di rivitalizzare la cultura attraverso uno
spirito nomadico. Il nomadismo intellettuale è
così misura di un'inquietudine risemantizzata
dai tempi, e in altro grado, quando resta aderen-
te alle tematiche della Terra, è reazione alla mi-
naccia quasi irreversibile che incombe
sull'ambiente. Siamo dunque arrivati al limite
delle terre emerse. È il continente sommerso che
occorre esplorare, e probabilmente l'eredità dei
grandi geografi-esploratori dell'Ottocento ha di-
sertato i dipartimenti di geografia ed è passata
direttamente nelle mani degli artisti e dei poeti.

4. Non è per caso se la moderna arte di paesaggio
– pensiamo alla pittura inglese e tedesca – è nata
e si è sviluppata a misura dell'emergere e dello
sviluppo della civiltà industriale. Ma non è un
rapporto diretto, nel senso che l'attenzione per il
dato naturale non è il riflesso della progressiva
dissoluzione dell'ambiente. Piuttosto, una più
generale presa di coscienza dei limiti dell'era
tecnologica ha aperto la cicatrice di una vecchia
nostalgia, che non è quella solo retorica per una
perduta infanzia naturale, per un mondo in cui
uomo e natura erano tutt'uno, ma, di là da vuote

mitologie, è la stessa nostalgia "post-glaciale" per una reale unità perduta, quella di un *modo* universale di vedere, pensare e rappresentare lo spazio. Come i nostri antenati alla fine del Paleolitico, ci troviamo a dubitare dei monumenti consolidati delle culture, ma diversamente da loro abbiamo anche la reale occasione intellettuale di scegliere, contro il vernacolare e la chiacchiera, per il fondamentale e l'universale dell'arte e del pensiero. In una crisi di così vaste proporzioni, in cui l'esigenza più urgente è diventata quella di scolpirsi un'identità, assistiamo invece all'accendersi di piccoli focolari privati da cui si difende lo spazio vitale con aggressività estenuata. Nella cultura e nei comportamenti sociali ci s'inoltra volentieri in vecchi-nuovi particolarismi, in folclorismi che nascondono il germe della solita falsa ideologia delle razze, ma alcuni artisti e alcuni poeti, spinti da esigenze diverse, stanno tentando di dire, o dicono loro malgrado, qualcosa di diverso. Una volta compreso che l'atto della scoperta si deve consumare prima di tutto dentro di sé, anche lo spazio esterno torna a essere quello vergine di 40.000 anni fa: un'intera terra da esplorare con le audaci ricognizioni dell'arte, e anche da ripercorrere con quelle vecchie gambe che abbiamo sempre sotto il corpo. Il sistema contemporaneo di pensare e di costruire lo spazio è una specie di *enclosure*, una privatizzazione degli antichi *commons* naturali. Il risultato è un inurbamento e una specie di proletarizzazione del corpo, come direbbe uno storico dell'età industriale. Resta comunque il fatto che le poetiche filo-urbane, filo-tecnologiche, filo-cibernetiche sono lo strumento di un sistema grottesco di assoggettamento. Chi accetta di avere un corpo sedentario e di sostituire allo spazio reale lo spazio virtuale, diventa un membro regolare della società, e per questo viene premiato. Ma l'irregolarità di un uomo che cammina liberamente da un campo all'altro è l'unica via possibile, sicuramente la più diretta, per disubbidire all'immobile e per rimettere in movimento lo spazio. L'arte di paesaggio, fino a ieri, era il sintomo del riemergere di una vecchia nostalgia. Oggi può essere il mezzo per acquisire una nuova consapevolezza oltre i limiti imposti. Non si tratta, adesso, di superare solo le chiacchiere particolari, ma di trovare un terreno comune in cui scavare i termini e i modi di un pensiero fondamentale. Questo terreno comune potrebbe essere il paesaggio, il paesaggio camminabile.

5. Oggi più che in ogni altra epoca camminare significa mettersi in risonanza diretta con l'uomo di 40.000 anni fa. Rinunciare a un mezzo meccanico per arrivare a piedi da qualche parte ha in sé qualcosa dei ritmi e delle opportunità delle grandi migrazioni. Si tratta infatti di rinunciare, almeno temporaneamente, ai ritmi sincopati del tecnologico, e riguadagnare al corpo una gestualità biologica e tranquilla. Lo spazio urbano sem-

bra in questo il meno adatto, soprattutto perché
nella massima parte dei casi non l'abbiamo scelto
– e costruito – noi. Lo spazio naturale, invece,
non è più come un tempo una scelta obbligata,
ma solo una scelta, e come tale è legato a doppio
filo alla curiosità dell'individuo: non ho scelto la
città ma posso scegliere il paesaggio. Una ragione sufficiente per farlo. Le migrazioni di *Homo
sapiens* appartengono al grande patrimonio epico
dell'umanità. Non c'è nessuna nostalgia primitiva nel prenderle a modello o a termine concettuale di confronto. Il punto è che a quell'epoca si
sono fatte scoperte artistiche e concettuali che
tutta l'arte successiva ha poi conservato in forme
più o meno mascherate. Capire motivazioni e
contesti di quell'arte non significa capire solo un
nocciolo cruciale delle nostre origini, ma riattivare da diversa angolatura quei meccanismi che
presiedono a tutt'oggi al gesto artistico, e che invece languiscono sotto migliaia di sedimenti culturali. Alzare gli occhi a una pietra graffita o dipinta venti migliaia di anni fa significa guardare
direttamente ciò che ci assilla da 40.000 anni; direttamente, cioè senza quelle strutture cognitive
superimposte che la logica greca e i saperi particolari ci hanno regalato. Camminare nei paesaggi, allora, mettersi in risonanza fisica con le antiche migrazioni, è forse il primo gesto concreto,
immediato e consapevole per ammorbidire la ri-
gidità delle architetture materiali e mentali che
abbiamo ereditato. Camminare significa ridurre

l'eccesso di vibrazione dei messaggi cibernetici, che tremano così in fretta da somigliare a una paralisi. Camminare significa disarticolare gli snodi obbligati, e mettere in movimento il corpo è mettere in movimento lo spazio, un primo passo per superare lo stretto di Gibilterra. Di artisti e poeti che non camminano c'è da fidarsi solo a metà.

6. Quasi ovunque nel mondo è attestata un'arte rupestre riferibile alla fase paleolitica dei Cacciatori Arcaici. L'aspetto fondamentale è che queste manifestazioni presentano tra loro molti tratti in comune, nelle tematiche, negli stili, nelle tecniche di esecuzione e soprattutto nelle associazioni sintattiche che legano figura e figura. Questo ha permesso di formulare l'ipotesi che l'arte sia nata in un solo luogo, e che *Homo Sapiens* l'abbia portata ovunque come patrimonio irrinunciabile della sua specie. In Tanzania, in Algeria, in Australia, in Europa, in Siberia si trovano opere rupestri che mostrano indizi di una matrice comune, e tali indizi coincidono poi con quei paradigmi e quegli archetipi dell'arte che esistono tuttora, e che riemergono di tanto in tanto con forza eccezionale nelle opere delle menti meno conformiste. Nella grotta di La Pileta, in Spagna, si può osservare tra le altre cose la sagoma stilizzata di un cavallo di circa 15.000 anni fa. All'interno della sagoma si vede una serie di piccoli segni paralleli abbinati a due a due, per un

totale di dieci coppie. Più in alto, sopra la testa
del cavallo, c'è un quadrilatero dai cui lati parto-
no con grande energia dei raggi che sembrano
eseguiti in preda a una forte emozione. In questa
sintassi di figure è contenuta tutta l'*ars poetica* dal
Paleolitico a oggi, e un primo modo per riconoscere in essa dei tratti di attualità è prendere in
considerazione tutto ciò che nell'arte rupestre è
ripetizione di segni o di sequenze, magari isti-
tuendo un confronto con testi letterari di varie
epoche e varie etnie. L'epica antico-francese si
dice sia caratterizzata da un'estetica della ripetizione: ripetizione di unità minime e massime, di
sintagmi, di frasi, di gruppi di frasi. Si parla di
estetica ma è in realtà l'indizio di un'esigenza
più profonda, di una concettualità che vede
nell'accumulazione e nella variazione un metodo
binario per imbrigliare la molteplicità degli eventi, per ricordarli e poterli rinarrare. Le liste cata-
logiche di certi antichi testi germanici e celtici,
dell'epopea di Gilgamesh o di George Perec, sono tutte espressione di un'unica ansia antropologica, quella di trascegliere nella sovrabbondanza
dei fenomeni e di conservare ciò che conta. Anche i testi sciamanici mostrano questa esigenza,
con l'aggiunta di uno scopo ulteriore e immediato, che è quello di battere ripetutamente a parole
sopra il diaframma che ci separa dall'ignoto. Per
risalire a un'età anteriore a Gilgamesh occorre
abbandonare la letteratura. Si può trovare qualcosa di simile nelle impronte di mani a Rio Chu-

but, in Patagonia, databili a circa 12.000 anni fa. Qui la moltiplicazione del segno è una stupenda anafora visuale che prova l'esistenza in chi la fece di un duplice modo della lingua: uno normale e strumentale, l'altro poetico. Quando una parola è ripetuta in sequenza più di due volte si entra in un diverso registro della comunicazione. È lo stesso principio del ritornello, della nenia, della preghiera, dello scongiuro, e lo scopo non è più quello di comunicare la cosa, ma di *averla* o *sentirla* intensamente. Ora come ora ci sfugge il messaggio di molta arte rupestre, ma il cavallo nella grotta spagnola di La Pileta ci dice con immediatezza il principio che regola l'elaborazione di un enunciato artistico: il quadrupede come nucleo associativo fondamentale, come centro di gravità semantica e sintattica, l'anafora dei segni, per insistere su un concetto, su un desiderio, su un'ossessione, e infine l'esplosione emotiva del rettangolo raggiato; il tutto per creare un sistema di coordinate, quella stessa rete in cui sono rimasti impigliati i messaggi universali e particolari di Gilgamesh e Perec. Proviamo allora a riconoscere anafore, strofe, ritornelli, lasse similari nelle grotte del Castillo in Spagna, di Kiesese in Tanzania, di Niaux in Francia o nel Tassili algerino e nelle pietre di Alam in Arabia Saudita. Potremo capire meglio che quando si isola un nucleo figurale e concettuale, lo si allaccia a un ideogramma ripetuto più volte, e magari si dinamizza il tutto con l'espressione impulsiva di una forte emozione, è come bussare contro la pietra. E in molti casi, da allora, il diaframma si deve essere aperto.

7. Come combinare riflessioni su archetipi e paradigmi dell'arte, e paesaggio, il paesaggio camminabile? L'idea che ci si fa osservando l'attuale crescendo di attenzione di arte e poesia per le tematiche naturali – fino a far nascere vere e proprie filosofie e poetiche della terra – è che nel paesaggio sembra contenuto tutto lo spazio reale e spirituale di cui abbiamo bisogno per recuperare una visione fondamentale delle cose. A Sonico, in Valcamonica, c'è un'incisione rupestre che rappresenta a prima vista un bambino in fasce, ma le fasce sono in realtà un sistema di linee topografiche. L'abbinamento di una figura antropomorfa e di una mappa assume così un valore cosmologico, come inserire il particolare dell'uomo nell'universale della Terra, come adeguare la vita consueta ai ritmi del cosmo. Probabilmente il graffito di Sonico rappresenta più semplicemente un idolo solare, ma ci suggerisce anche che l'abbinamento concettuale tra due realtà fondamentali non produce un significato puro e semplice, ma accende un significato prima di tutto poetico. Il paesaggio, ignorato quasi completamente dall'arte rupestre, sfiorato appena nelle migliaia di anni successivi e corteggiato per la prima volta solo dall'uomo tecnologico, è un terreno ultimo su cui si può affrontare lo stallo culturale che ci ossessiona. Il paesaggio, cioè,

con la sua ampiezza, la sua complessità, sembra l'ultima realtà che, al di sopra di ogni particolarismo, attingibile da qualunque cultura e in concorrenza con le stesse religioni storiche, è in grado di parlare oltre la diversità delle lingue di un concetto globale della natura, di un insaziabile desiderio di ritorno a essa; qualcosa che, con i dualismi maschile-femminile, cielo-terra, luce-buio, doveva anche costituire la matrice della concezione del mondo del Cacciatore Arcaico. Qui, ovviamente, la nostra strada e la sua sono divise da millenni di secolarizzazione, ma è anche vero che la nostra memoria storica è occupata per molta parte da conoscenze irrilevanti, aneddotiche, false. Rimettere in discussione concetti e idee usando come pietra di paragone la realtà primaria del paesaggio, può aiutare a fare nuova chiarezza, cominciando dall'arte, e magari arrivando a toccare i bisogni fondamentali dell'uomo. I messaggi dell'arte rupestre sono segni che additano un'ipotesi di lavoro, ipotesi che comunque non va confusa con l'imitazione avviata in questo secolo dell'arte primitiva e tribale. Piuttosto si tratta di una verifica dei contenuti dell'arte e del pensiero alla luce dell'autenticità e immediatezza dell'arte rupestre. Per fondare ad esempio un'idea di paesaggio che abbia i tratti di una categoria irrinunciabile del pensiero, occorre prima liberarla da una massa enorme di preconcetti.

8. Si pensa che il germe della differenziazione ti-
pologica e stilistica dell'arte paleolitica sia stato il
contesto ambientale, la diversa topografia dei territori. Anzitutto molte zone di arte rupestre ap-
paiono periferiche, cioè lontane da siti più densa-
mente popolati, come se un ambiente meno saturo
di distrazioni quotidiane e sociali avesse favorito
la riflessione artistica. Ma la natura determinava
anche delle scelte obbligate, e se in Europa la coppia cosmologica era quella del cavallo e del bisonte, in Africa non poteva che essere quella della gi-
raffa e dell'elefante. In entrambi i casi, però, non è
difficile riconoscere una matrice dualistica comune, come dire che diversi sono i segni ma identica
è la concettualità sintattica che li allaccia. Tra le
tracce di una visione arcaica unitaria in grado di
fornire un motivo di riflessione per l'arte odierna,
c'è quella del particolare rapporto segno-
significato. Si pensa infatti che il Cacciatore Arcaico si valesse di facoltà simboliche e di astrazione,
ma che la sua arte, anche quando priva di riferi-
menti figurali riconoscibili, non fosse né simbolica
né astratta, almeno nel senso che diamo oggi a
questi termini. Così, se la traccia dell'animale *era*
per lui l'animale, o una *parte* di esso, il segno dipinto era traccia di una data realtà, presente e viva
attraverso una parte di sé fissata sulla pietra. La
differenza rispetto al nostro modo di vedere le cose è tutta in questo credere in un legame diretto e
necessario tra segno e significato, e insomma in
una concezione metonimica del linguaggio. Tran-

ne singolari eccezioni invece, tutta la moderna arte di paesaggio si sforza di introdurre contenuti ulteriori nella scena naturale, e cioè tende invariabilmente a conferire una dimensione simbolica al proprio soggetto. Vittima di una particolare concezione del linguaggio, è portata a vedere il paesaggio come il segno di un significato ancora da svelare. Cosa *significa* questo paesaggio? E questo invece? Ma la domanda è mal posta, perché estende alla realtà una visione metaforica delle cose. Evidentemente la natura è rimasta un polo semantico cruciale per la riflessione dell'uomo, ma al tempo stesso non riusciamo ad accettare che essa significhi solo ed esattamente *se stessa*. Se pensiamo al Romanticismo, al Simbolismo che ne ha ereditato la logica, o se prendiamo la Foresta-Farmacia di Marcel Duchamp, è facile rendersi conto che l'arte oggi, quando si interessa alla natura, o rinuncia a pronunciare messaggi, ed esegue qualcosa di visuale ma non di semantico, o carica a tal punto il visuale di un sovrasenso che l'immagine finisce per essere puro pretesto. Il Cacciatore Arcaico sembrava colpito più dai particolari che dall'insieme. Il particolare era immediato e tangibile, era la traccia dell'animale, era il capo di un filo all'altro lato del quale, con legame diretto, c'era ciò-che-non-si-vede: traccia e animale, ruscello e sorgente, corpo e anima, visibile e invisibile, idolo e divinità. La sua visione del mondo non era metaforica, ma metonimica, e il suo mondo era integralmente se stesso e integralmente magico. Ogni traccia non era un'altra cosa, era *la* cosa, e proprio per questo Francia e Algeria erano un unico paese.

9. Osservando il grande *plafond* di Altamira ci si rende conto che il supporto dell'arte rupestre è un elemento irrinunciabile per la comprensione dell'opera. A volte un tratto in nero andava a completare la curva di una crepa, oppure, dipingendo, si faceva coincidere il dorso del bisonte con una gibbosità naturale della pietra; in altri siti, invece, esistono esempi di formazioni rocciose dal vago aspetto zoomorfo e antropomorfo che l'uomo ha ritoccato per rafforzarne la somiglianza. In tutti questi casi sembra che il desiderio profondo sia stato quello di dare evidenza a una realtà preesistente al gesto artistico, o almeno di partecipare semanticamente alla realtà della pietra, in modo da allacciarsi e adeguarsi al mondo circostante, alla Terra. La pietra, così, non era semplicemente un supporto, ma il filo che allacciava l'artista al resto del mondo, era il tramite materiale e metonimico tra lui e le cose profonde, o le cose elevate, o le cose lontane. Proviamo allora a pensare a quelle volte di pietra come a terreni in cui il graffito e il colore hanno offerto un'insperata continuazione del viaggio. Pensiamo ai paesaggi come a volte di pietra. Appoggiamoci sopra una mano, spruzziamoci del colore, togliamola. Quell'impronta, quella mano che resta, siamo noi.

Il sentiero della foresta

Maurizio Corrado

Partiamo dall'inizio.

Noi, come specie *Homo sapiens*, siamo qui da almeno 200.000 anni. Questo vuol dire che io, se fossi nato allora, sarei più o meno come sono ora, magari più prestante, con più capelli, sarei vestito diversamente, avrei altre abitudini, avrei comunicato in un altro modo, ma sostanzialmente sarei come sono ora e avrei un comportamento essenzialmente mobile. Da quando siamo apparsi sulla Terra ci siamo sviluppati ed evoluti con un modello di vita che possiamo definire mobile. La nostra evoluzione è iniziata dai piedi, dal movimento. Ci spostavamo costantemente in gruppi, a volte su di uno stesso territorio, altre volte esplorando nuove zone, portandoci dietro un equipaggiamento leggero. I nostri primi strumenti, quelli che poi chiameremo oggetti e dopo la metà dell'Ottocento daranno vita al *design*, sono piccoli, leggeri, polifunzionali.
Io sto fuori e mi muovo. Abbiamo avuto questo comportamento per almeno 190.000 anni. Poi con la fine dell'Era glaciale siamo diventati sedentari.

Questo ha portato alla nascita delle città e a quello che chiamiamo civiltà. Nel momento in cui scelgo di coltivare, ho necessità di conservare. Mentre prima ciò che raccolgo o caccio lo consumo immediatamente, diventa *me*, ora lo accumulo e lo possiedo, è *altro da me*, ho inventato l'avere e la necessità di difenderlo. Costruisco qualcosa per conservarlo, un granaio. È il mio primo vero elemento fisso. Intorno a lui, intorno all'accumulo, al mio capitale, costruisco mura per difenderlo, costruisco la mia casa per sorvegliarlo, poi quella di mio figlio e della sua famiglia, in breve ho un villaggio, una città, una metropoli e siamo all'adesso. Il mio stile di vita da *mobile* è diventato *sedentario*. Se rendiamo con un grafico la nostra storia vediamo con più chiarezza il rapporto che c'è tra i due periodi:

— — — — — — — — — — — — — — — — — —‒·‒

Ognuno dei trattini rappresenta 10.000 anni, quelli bassi sono gli anni mobili, quelli alti i sedentari. La storia, secondo la narrazione classica, inizia alla metà del segmento in alto, dove abbiamo messo un punto, poco più di 5.000 anni fa, con la nascita della scrittura e di tutti quegli elementi che hanno formato ciò che abitualmente chiamiamo civiltà. Guardando il grafico, una domanda che potrebbe sorgere spontanea è: ma è possibile che per tutto il tempo che abbiamo passato qui prima di quel puntino non sia successo pressoché nulla? È possibile che per oltre 190.000 anni, pur essendo molto simili a come siamo ora, come capacità intellettive e di azione, non abbiamo combinato nulla di buono? La risposta, per la maggior parte della narrativa scientifica classica è: Sì, è possibile, non è successo nulla d'interessante, c'era la "preistoria", i reperti sono scarsi e contraddittori, c'era l'uomo delle caverne, la clava, le bacche, l'infanzia dell'umanità e tutto il resto. Naturalmente sto semplificando, ma neanche troppo.

L'ipotesi è che il modello mobile sia tuttora alla base del nostro essere e che sia iniziata una fase in cui possiamo riprenderci la nostra vera natura mobile. Noi siamo fatti per stare fuori e per muoverci.

Fisicamente, mentalmente, siamo mobili, non sedentari. Se ho un atteggiamento veramente scientifico, non posso permettermi di considerare la mia evoluzione a partire solo dagli ultimi 5.000 anni, ma la devo considerare nel suo complesso. Questa visione implica che la fase sedentaria possa non essere definitiva, ma un passaggio necessario. Negli ultimi anni, dalla fine degli anni Settanta del Novecento in poi, c'è una novità. Molti di noi hanno acquisito un modo di vita che è palesemente più avvicinabile a quello mobile che a quello sedentario. Fin dall'inizio degli anni Novanta questo modello era tipico di alcuni professionisti che per esigenze di lavoro erano costretti a spostarsi in continuazione, una tipologia che è stata analizzata diverse volte da studi di settore. Poi dagli anni Novanta c'è stato un salto qualitativo dato dall'arrivo della Rete e della tecnologia digitale. Il modello mobile si è impadronito letteralmente se non del comportamento fisico, di quello mentale di ognuno di noi. Non è un caso che il termine *navigare* sia estratto dal vocabolario del viaggiatore. Inoltre, gli strumenti elettronici sono perfettamente in linea con quelli della mobilità antica: *piccoli, leggeri, polifunzionali*. Il mobile contemporaneo usa gli stessi parametri di quello antico, quando si sposta. La nuova percezione del mondo, quella nella quale si formano le nuove generazioni, è quella del cacciatore mobile, non certamente quella del sedentario. Il mondo è percepito come itinerario, la vita si sviluppa intorno a un percorso, dove ci sono tappe, punti in cui ci si ferma per poi ripartire. È precisamente quello che succede ogni giorno quando usiamo la Rete.

Noi siamo fatti per stare fuori e per muoverci. Tra le conseguenze di questa visione, ce ne sono alcune che riguardano intimamente l'architettura. Quarant'anni di architettura ecologica ci hanno insegnato una cosa ormai indiscutibile: *il problema della casa è la casa*. È star dentro che fa male, crea problemi, è la nostra abitudine di vita sedentaria che ci porta a stare in in-

terno per oltre il 90% del nostro tempo a creare
patologie e disturbi sui quali ormai la letteratura
scientifica e romanzesca si spreca. Siamo fatti per
stare fuori e per muoverci, non per stare dentro
fermi. Se siamo fatti per star fuori, è l'esterno il
nostro ambiente vitale, e l'esterno è fatto essenzialmente di piante. Da sempre non abbiamo conosciuto altro, è per questo che *stiamo bene* quando siamo *fuori*. Per questo quando vediamo una
pianta, *ci sentiamo a casa*. Per questo il verde è il
nostro ambiente e il costruito è un elemento di
servizio. Questo rovescia in maniera quasi imba-
razzante, per un architetto, il modo di vedere
l'architettura. Finora il verde è stato visto e
chiamato *servizio*, sono gli spazi di risulta, quelli
dove non si riesce proprio a costruire. Io sto af-
fermando che è vero il contrario. È l'architettura
il servizio, il vero ambiente utile è l'esterno, lo
spazio verde, le piante.

Il rapporto fra architettura e natura ha fatto fiori-
re innumerevoli discussioni, e ciò che molto ha
appassionato è la contrapposizione Natu-
ra/Artificio cara alla cultura architettonica e agli
Illuministi della fine del Settecento. Oggi è utile
sapere che le recenti ricerche sulla storia dei boschi ci fanno notare come già nel 4.000 a.C. si
debba parlare, almeno in Europa, di una *natura
di seconda mano*, in altre parole, la natura vergine
non esisteva già più. Diventa allora utile appro-
fondire il rapporto tra agricoltura e architettura,

che nella prassi sembra conflittuale tanto da risultare ai più come una battaglia fra due discipline in netta contrapposizione. Agricoltura e architettura invece non solo hanno un'origine comune, ma basta scavare solo un po' nell'origine mitologica di entrambe per trovarsi di fronte a una sostanziale unità. Agricoltura e architettura al livello del mito riproducono il medesimo atto di sopraffazione nei confronti del mondo, tanto che entrambe fondano la loro esistenza su di un assassinio, una profanazione, una violenza.

La costruzione delle macine di pietra necessarie a lavorare i cereali, pressoché impossibili da spostare, contribuì alla sedentarizzazione dei gruppi, che cominciarono a costruire granai per immagazzinare quel cibo che poteva essere conservato e rappresentare così una ricchezza, un'assicurazione di benessere nel tempo. Detta in altri termini, l'architettura nasce dall'agricoltura, la città si genera direttamente dalle esigenze della coltivazione.

Ora che il ciclo dell'agri-cultura pare giunto a una svolta, anche l'architettura che ne è derivata sembra destinata a svanire. Il cacciatore non ha città, ma territori. Non risiede, cammina. Si muove, si sposta. Non ha una casa, ha un'attrezzatura. Porta con sé una serie di oggetti piccoli, leggeri, *smart*. Il tempo dell'architettura è finito. Ora è il tempo del *design*.

Quando osserviamo più da vicino l'idea di città e quella di giardino, scopriamo non solo che hanno molti punti in comune, ma che fra città e giardino c'è una sostanziale identità. Il termine giardino ci arriva dal francese *jardin*, da *jart*, a sua volta dal franco *gard*, orto. La radice indoeuropea è *gher*, col significato di cingere, recintare, afferrare, rinchiudere, da cui deriva il greco *kortos*, recinto e anche *kheir*, mano. Il giardino è quindi ciò che si tiene sotto la mano e quello che la mano lavora. In latino è *hortus*, con il significato primo di recinto e poi di giardino. Da *gard / gart / grad* nelle lingue indoeuropee si sono sviluppati i concetti che si riferiscono ai luoghi recintati. Il termine slavo *gorod* significa città, e in Europa orientale molti insediamenti conservano il suffisso *grad*. Il giardino, come la città, esiste solo in quanto luogo chiuso, recintato, protetto, delimitato. Ogni rito di fondazione delle città ha nel tracciamento dei limiti un atto fondamentale. Il fondatore ha il compito di addomesticare il luogo, deve riconoscerne la potenza, conoscerla, chiederle permesso. Il fondatore circoscrive, ritaglia, delimita un pezzo di caos che da quella azione assume la dignità di luogo. Città e giardino sono spazi che l'uomo si ricava nella natura, luoghi che l'uomo prende per sé ponendo dei confini che hanno il compito di difenderli e proteggerli. Ciò che è dentro ai loro limiti esiste, è conosciuto, ciò che è fuori è sconosciuto, straniero, forestiero.

In questa concezione è evidente che il giardino è ben lungi dall'essere il luogo in cui la natura è libera, anzi, è esattamente il contrario. È molto fuorviante la contrapposizione che siamo abituati a fare tra ambiente urbano e giardino visto come lo spazio della natura: sono la stessa cosa.

Il giardino è, al pari della città, un luogo in cui noi uomini costruiamo un nostro ambiente dove, invece di usare materia inerte come nel caso degli edifici, usiamo materia vivente, le piante, costringendole ai nostri voleri, addomesticandole, tenendole rinchiuse quasi come in un ghetto dal quale non possono e non devono uscire.

L'abbiamo fatto inizialmente per avere cibo, poi anche per avere luoghi di piacere. Oggi non si tratta di costruire altri spazi verdi. Fino a quando divideremo lo spazio dedicato a noi umani da quello dedicato alle piante, non sarà possibile fare un salto di qualità, ma solo fare giardini sempre più belli che continueranno ad essere giardini, cioè luoghi chiusi dove far vivere le piante. Il giardino è come uno zoo. Nello zoo ci sono gli animali, chiusi, recintati. Nel giardino ci sono le piante, chiuse, recintate. Poi ci sono zoo belli e zoo brutti, allo stesso modo, ci sono giardini belli e giardini brutti. È uno spazio nostro, controllato, delimitato, difeso. Ma difeso da cosa? Qual è il nemico comune alla città e al giardino?

C'è una caratteristica che fa da sottofondo a tutta la vita delle società tradizionali: la contrapposizione tra il territorio abitato, considerato importante e reale e lo spazio circostante, sconosciuto, indeterminato, caotico. Il Mondo stesso si genera da questa contrapposizione. Per l'uomo delle società premoderne, lo spazio non è omogeneo, ha delle fratture, le parti sono qualitativamente differenti tra loro. Vi sono spazi sacri, dotati di forza, e altri non consacrati, privi di struttura e di forma. Lo spazio sacro, vissuto come unica cosa reale, si contrappone al caos circostante.

L'opposizione sacro-profano è quella tra reale e non-reale, dove il sacro equivale a potenza, perennità ed efficacia, per questo l'uomo religioso desidera profondamente essere, partecipare alla realtà, riempirsi di potenza. Il desiderio di vivere nel sacro equivale a quello di sistemarsi in una realtà oggettiva, di vivere in un mondo reale ed efficiente, dentro a limiti stabiliti. Presso i Greci il limite era il punto in cui qualcosa comincia a essere. Ciò che è nel limite esiste, il resto è zona selvaggia, inconoscibile, pericolosa. Il villaggio esiste nel momento in cui se ne stabiliscono i limiti, che individuano quindi anche uno spazio esterno sconosciuto. Ma cosa c'è fuori dai limiti? Alla radice etimologica di *alius, alter, ille, altro*, è collegato il termine sanscrito che indica la foresta, *aranya*, da *arana*, strano. Fuori dai confini del villaggio, della città, del giardino, c'è l'altro, lo straniero, il forestiero.

Fuori, c'è la foresta.

L'italiano *foresta*, come il francese *forêt*, il tedesco *forst* e l'inglese *forest*, vengono dal latino *foris*, fuori, più precisamente dal modo *silva forestis*. *Forestis* è in realtà un neologismo, anche giuridi- co, creato nel VII secolo d.C. per indicare la selva fuori dalla zona recintata, un territorio esterno alla proprietà agricola privata. Venne così chia- mata "foresta" quello che era il bosco padronale, quella *terra di nessuno* prima sotto la sovranità del signore feudale e poi divenuta bene dello sta- to. I primi proprietari di molti boschi dell'Europa centrale e occidentale furono infatti i re francesi. I nuovi signori la mantenevano selvaggia per le loro battute di caccia, eventi che, lungi dall'essere solo momenti di svago, erano spesso quelli in cui si decidevano le sorti politiche futu- re. Foresta è quindi sinonimo di altro, sconosciu- to, diverso, selvaggio, è lo spazio in cui l'uomo non è padrone assoluto, un luogo fuori dal recin- to del razionale. È questo il nemico comune alla città e al giardino: la foresta. Ma perché? Chi c'è nella foresta? Chi si cela nella sua parte più na- scosta, selvaggia e antica?

Prima di addentrarci nella foresta, cerchiamo di rispondere a una domanda. Come mai noi Occi- dentali siamo arrivati a considerare il mondo come una riserva di materiale a nostra disposi- zione? Chi ci ha dato il permesso? Come abbiamo perso ogni tipo di rispetto per l'ambiente dove esistiamo, per il mondo? L'uomo della tradizione chiede alla Terra se vuole essere arata o lavorata, l'uomo moderno pensa al mondo come un suo strumento e in quanto tale non gli chiede nessun permesso, anzi, è comunque sicuro che il suo intervento sia un miglioramento. Nelle azioni compiute nel tempo in nome del cristianesimo, possiamo facilmente rilevare un deciso scollamento tra uomo e natura, dove la natura è vista come la sede dell'irrazionale, del male e quindi una cosa da combattere, da sottomettere, contro cui stare in guardia. Intorno al Cinquecento il pensiero magico che si faceva portavoce di un sentimento di unità con la natura, veniva perseguitato sia dalla Chiesa Cattolica che da quella Protestante, l'intera storia dell'Inquisizione si potrebbe leggere come il tentativo di eliminare fisicamente ogni traccia di quei culti che avevano la loro origine nella natura, in particolare nel rapporto con la terra e gli alberi. Quando i missionari cristiani iniziarono la loro opera di conversione, uno dei loro primi compiti fu proibire i culti che si rendevano agli alberi e distruggere i boschi sacri. Ma non furono loro a iniziare l'opera di disboscamento mistico. Lucano nella *Farsaglia* narra di come, ricevuto l'ordine di distruggere un bosco sacro nei dintorni di Marsiglia, nessuno dei soldati di Cesare osasse sferrare il primo colpo di scure contro quegli imponenti alberi fino a quando Cesare stesso, abbattendo una quercia secolare, disse loro: «Ormai nessuno di voi esiti ad abbattere la selva, ritenete il sacrilegio compiuto da me». Tra gli storici Romani sono innumerevoli i racconti di questo tipo e riguardano in particolare la Gallia e la Bretagna, i luoghi delle popolazioni celtiche: esse avevano conservato una spiritualità che concepiva la natura come indissolubilmente legata all'uomo e aveva nei boschi, nelle pietre, nelle fonti i luoghi di maggior culto. L'Irlanda era un altro di quei luoghi, i Romani non ci arrivarono mai, ci arrivò invece San Patrizio nel V secolo e si vide costretto ad allearsi con i capi spirituali dell'epoca, i *filid*, eredi dei druidi e dei bardi, arrivando a ordinare vescovi alcuni di loro. Secondo la leggenda, in Irlanda erano arrivati molto tempo prima, intorno al 1200 a.C. i Tuatha De Danaan, portandovi quattro doni: la lancia, la spada, la pietra e la coppa, i simboli della leggenda del Graal che, due millenni più tardi, servirà a tramandare, in maniera simbolica e nascosta dall'evidenza, i culti della foresta. I Tuatha De Danaan, letteralmente *il popolo della Dea Dana*, secondo una delle ricostruzioni più accreditate, arrivarono in nave in Irlanda dopo essere passati da Danimarca, Spagna, Sardegna ed essere partiti da Creta.

Creta, intorno al 1200 a.C. non era ancora stata raggiunta dai nuovi culti che avevano cominciato a espandersi con forza in Europa a partire dal 4.000 a.C. Portati da popolazioni guerriere, avevano cominciato a sostituirsi alla spiritualità che presenziava quei luoghi da sempre, una spiritualità che aveva nella foresta, negli alberi, nelle fonti, nelle pietre, le sue più riconosciute manifestazioni, una spiritualità che aveva un segno nettamente femminile e che è pertinente definire come culto della *Dea*. Gli invasori portarono con sé i propri dei guerrieri maschi e nelle mitologie successive si legge in filigrana, nel linguaggio del mito, ciò che avvenne nel reale. Fu un passaggio molto lento ma inesorabile. Al culto della Dea si sostituì quello degli dei maschi, la Dea fu scomposta in tante figure femminili secondarie, mogli, amanti, figlie che ricalcavano in cielo quello che stava avvenendo in terra. Un passaggio fondamentale per noi Occidentali si verificò con la nascita dell'idea del Dio unico, maturata in Medio Oriente e codificata nell'Avesta e nella Bibbia, i cui primi testi scritti non sono antecedenti al 1500 a.C. Qui si trova una delle radici dello scollamento tra uomo e natura: «Dio li benedisse e disse loro: Siate fecondi e moltiplicatevi, riempite la Terra; *soggiogatela* e dominate sui pesci del mare e sugli uccelli del cielo e su ogni essere vivente che striscia sulla terra». Genesi, 1,28. È avvenuto il passaggio. L'uomo non è più parte della natura, ne è al di sopra, Dio stesso gli ha dato il permesso di soggiogare la terra e ogni essere vivente. In questa prospettiva, quello che accade dopo il 4.000 a.C. è storia recente, il passaggio è ormai avvenuto, si tratta di perfezionare alcuni dettagli, e soprattutto di soggiogare e far scomparire i culti precedenti, e la maniera migliore per neutralizzare qualcuno non è eliminarlo, ma trasformarlo in qualcos'altro. Così la Dea diventa Era, Giunone, Diana e poi nel cristianesimo, per la geniale intuizione di San Bernardo, s'incarna in Maria, la Madre.

Ma com'eravamo prima che accadesse questo? Siamo abituati a fare iniziare la nostra storia esattamente da quel periodo, prima, secondo le narrazioni in voga, non c'è nulla, o meglio, la preistoria, l'uomo primitivo che si nutre di bacche e si ripara dalla natura avversa. Questa è la ridicola narrazione di chi è venuto dopo. Più plausibile è pensare che noi siamo cresciuti, come specie, in unione completa e simbiotica con quello che ora definiamo *la natura*. Non ne eravamo staccati, ma una parte, un elemento e neanche il più importante, come poi ci siamo abituati a pensare. Ogni nostro gesto, azione, parola, pensiero era in risonanza e in connessione con il resto dell'universo. E il nostro universo, per decine di migliaia di anni, è stato formato esclusivamente da rocce, fonti, praterie, alberi, foreste. Per 190.000 anni almeno, prima della nostra sedentarizzazione. È questa origine che viene rifiutata, nascosta, cancellata?

A leggere la storia con gli strumenti del mito, che hanno trovato negli anni Ottanta una diversa interpretazione nelle ricerche archeologiche di Marija Gimbutas, si direbbe di sì. È ragionevole pensare a un periodo lungo migliaia di anni, che va dal 4000 a.C. indietro fino oltre il 7.000 a.c., in cui in Europa il riferimento principale di culti e credenze è una figura femminile alla quale ci si riferisce come alla *Dea*. Questa figura non va intesa come un doppio femminile del Dio al quale siamo abituati. Occorre un piccolo sforzo, occorre concepire un sistema in cui mondo e uomo non sono separati ma parte di un unico sistema organico. *La foresta e gli alberi prima, e i culti legati alla fecondità della terra poi, sono tutte manifestazioni del senso del sacro che pervadeva ogni cosa e che aveva nella Dea e nei suoi simboli l'unico punto di riferimento.* Le date del mito e della storia coincidono. La nascita della civiltà (vale appena la pena ricordare la capziosa equivalenza fra città / *civis* e civiltà), della città, della scrittura, coincide con l'avvento degli dei maschi e il conseguente rifiuto della spiritualità femminile, nonché con l'interpretazione e riscrittura della storia da parte dei vincitori, con le inevitabili deformazioni a loro vantaggio, tra le quali la più insidiosa è la cancellazione di tutto ciò che è stato prima della loro venuta. Il mondo inizia allora, un'operazione talmente ben riuscita che è tuttora alla base della nostra educazione.

Da allora, la Dea e le sue foreste diventano l'altro, lo sconosciuto a cui attribuire tutti i caratteri della negatività. La realtà è quella dentro al

nuovo recinto, fuori ci deve essere necessariamente il male. Quello che cambia è soprattutto il
nostro stile di vita. Dopo millenni di vita mobile,
in uno spazio concepito come un percorso, diventando stanziali, modifichiamo inevitabilmen-
te l'idea di spazio che diventa un punto fisso intorno al quale si organizza la vita. Questo accade
non con la costruzione delle nostre prime case,
ma dei primi insediamenti stabili e le due cose
non coincidono. Il villaggio stanziale si forma
dove gli edifici sono stabili perché costruiti in
terra cruda, in mattoni o pietra, come avviene in
Medio Oriente. Più a Nord, in Europa, le prime
case sono in stretta relazione con i boschi, veni-
vano costruite le cosiddette caselunghe, che ve-
nivano spostate ogni trenta anni circa, insieme
alle coltivazioni che le circondavano, una pratica
che rimase in alcune zone fino al Medio Evo.

All'inizio della nostra storia troviamo la foresta e
la mobilità. Oggi il cerchio si sta chiudendo,
l'elettronica ha rivoluzionato il nostro modo di
vivere, i nostri modelli di comportamento non sono più quelli dell'uomo sedentario, che ha avuto
nella città e nella rivoluzione industriale il proprio
culmine. Le nostre città sono fluide, fatte di rapporti reali con persone distanti, ci stiamo abi-
tuando a un modello che è sempre più mobile, ci
spostiamo fisicamente e ancor più virtualmente,
stiamo abbandonando il modello-granaio, acquisito dopo il 10.000 a.C. per riavvicinarci al mo-

dello-sentiero che abbiamo avuto per i millenni precedenti. E in questo momento, la Dea e le sue foreste stanno tornando con il loro fascino arcaico e futuribile. Dietro allo stile di vita mobile, fisico e virtuale, dietro alla voglia di verde possiamo vedere riaffiorare le basi stesse della nostra specie. Se è vero che siamo cresciuti all'aperto, è l'esterno, l'ambiente che ci è più congeniale. Oggi diventa utile avere una più profonda consapevolezza del rapporto che abbiamo avuto con il fuori e il mondo vegetale, rapporto che abbiamo rinnegato per chiuderci nei recinti delle città e negli interni delle case. Non si tratta di uscire dalla città, al contrario. La sfida è *portare la foresta nella città*, facendola crescere in ogni spazio possibile e non è costruendo nuovi recinti dove chiudere le piante che la vinceremo: è abbattendo i confini, togliendo i limiti, lasciando libero il senso del sacro che la foresta custodisce da sempre.

Homo poeta
Il segreto sciamanico dell'Eurasia
Francesco Benozzo

I.

In quanto artefice e demiurgo di parole e immagini (e cioè creatore di parole da altre parole, di
immagini da altre immagini, e in definitiva in-
ventore di parole a partire dalle immagini) *Homo
loquens* si presenta nelle fasi evolutive del genere
Homo principalmente come *Homo poeta*.

II.

I primi fossili di Neanderthal (*Homo sapiens nean-
derthalensis*) provengono dal Vicino Oriente e dal
Nord Africa. Cranio largo, zigomi pronunciati,
braccia lunghe e gambe corte, mani molto grandi. In Europa pratica rituali di sepoltura, allesti-
sce corredi funerari, prepara il cadavere per un
viaggio altrove. Ciò che conta davvero non è stabilire, a partire da reperti spesso casuali, il periodo in cui comparvero le prime forme religiose.
Preme di più riflettere sul fatto che soltanto con
gli occhi del poeta questo nostro antenato ha potuto vedere e concepire un altrove.

III.

Più che in connessione con la nascita di un'idea animistica del mondo, lo sciamanesimo sarà da intendere come contemporaneo alla (e responsabile della) nascita dell'idea di una coscienza. Cioè come forma, esso stesso, di autoconsapevolezza. In definitiva, come espressione esteriorizzata, socialmente riconosciuta, primordiale, di *Homo poeta*.

IV.

Ciò che nelle nostre culture appare imparentato con le forme di sciamanesimo etnograficamente note, *non è* traccia ma essenza, *non è* persistenza *ma* presenza originaria, *non è* influsso *ma* evoluzione. Viaggiamo, dentro i sogni, ogni volta al modo degli sciamani.

V.

Le società pre-stratificate, e ancora di più quelle pre-neolitiche, *non erano* società *senza* lo stato: ciò presupporrebbe che, evolvendosi, esse avrebbero raggiunto un punto in cui uno stato avrebbe obbligatoriamente incominciato a esistere in quanto naturale e necessario riempimento di quel «senza».

VI.

Allo stesso modo in cui le società a comunicazione orale *non sono* società senza scrittura, ma società *anti*-scrittura, *pre*-scrittura, *alternative alla* scrittura, ed eventualmente *non corrotte dalla* scrittura, così le società pre-stratificate erano società *anti*-stato, *pre*-stato, *alternative allo* stato, e in definitiva *non corrotte dallo* stato.

VII.

Cosa ci fa lo sciamano in una società *anti*-stato? La funzione sacerdotale non è forse complementare a quella regale? Non presuppone essa stessa l'esistenza di stratificazioni? Non è essa stessa l'espressione, gerarchicamente appagata, di quella cristallizzazione sociale? Lo sciamano è già presente nel Paleolitico proprio perché *non è* sacerdote, *non è* uomo del sacro, *non è* il professionista della comunicazione estatica tra naturale e soprannaturale. Lo è diventato successivamente, come affioramento di una parte del vasto corpo che egli aveva, come sopravvivenza di un semplice dito, o addirittura di una falange, rispetto al suo intero corpo, e come metamorfosi di se stesso nel mondo in cui *Homo poeta* ha – apparentemente – perduto la propria centralità.

VIII.

Allo stesso modo in cui il totemismo non è una forma di religione, ma un sistema di credenze che precede qualsiasi forma di religione, così lo sciamano è, molto prima della nascita delle funzioni sacerdotali, un professionista della parola.

Egli è l'*Homo poeta*, e in questo senso è *anti-*
sacerdote, *pre*-sacerdote, *alternativo al* sacerdote,
e in definitiva *non corrotto dal* sacerdote.

IX.
Non-sacerdote e non-stato, lo sciamano non è
nemmeno guaritore o terapeuta. È diventato
anche questo, come è diventato sacerdote. Ma la
questione fondamentale, per lo sciamano, non è
di guarire la malattia, di riconoscere o interpretare l'inconscio. Lontano da questa concezione
dittatoriale dell' individuo, egli si pone il problema fondamentale, assumendo in sé la funzione che a ciò presiede e rivendicandone le capacità in modo elettivo-misterico, di *produrre*
inconscio, di *creare* desideri, di *espandere*
l'immaginario. Lo sciamano *non cura* le malattie.
In quanto *Homo poeta*, egli *le narra*.

X.
È il sogno, è l'esperienza onirica in quanto in-
comprensibile e impalpabile seconda vita del
corpo, ad aver fatto nascere la concezione animistica di spiriti che vagano e vivono anche dopo la
morte? O il sogno è a sua volta *narrazione* (sciamanica e poetica) del mondo in quanto visto,
camminato, attraversato, cacciato, raccolto, e infine interiorizzato? L'onirico soprannaturale-
animistico- subcosciente non è, a priori, un *onirico geologico*?

XI.
Lo sciamano *non è* il residuo di sistemi di credenze primitive. La sua figura in carne e ossa *non* rimanda a un passato perduto, *non* ne è la trasformazione. Lo sciamano è una variante riconoscibile (e in qualche territorio riconosciuta in quanto tale dalla comunità in cui opera) di *Homo poeta*. Lo sciamano primitivo non esiste. Non esistono società primitive a matrice sciamanica.

XII.
Il primitivismo non è uno stadio dello sviluppo culturale. Ciò che ci fa concepire l'esistenza di società «primitive» non è una propensione evoluzionistica, ma una predisposizione connaturata a ogni società: è la lacerante nostalgia di semplicità da cui la complessità, accorgendosi di se stessa, non può evitare di essere sedotta. Anche il rituale preistorico non può che essere stato, nei suoi aspetti celebrativi esteriorizzati, l'espressione di una *rêverie* del primitivo.

XIII.
Molti dialetti hanno un'unica parola per significare le azioni del 'cantare', 'sognare', 'nascondersi' e 'guarire'. In altri una stessa parola è usata per indicare il 'poeta', il 'mago' e il 'guaritore'. Nella lingua resta intero il fiume che nel mondo si è disperso in mille estuari.

XIV.

I bardi gallesi, i trovatori occitani, i poeti tradizionali, le guaritrici delle aree rurali europee, le lamentatrici funebri dall'Irlanda alla Magna Grecia, gli interpreti in forma scritta della grande tradizione di testi legati al viaggio onirico, fino a Dante e oltre Dante, *non sono* "eredi" degli antichi sciamani, ma, al pari di essi, *essenza, presenza originaria, evoluzione* di *Homo poeta*.

XV.

Nonostante i benemeriti sforzi scientifici ed etnoscientifici, ancora fatichiamo a cogliere il senso dello sciamanesimo. Poiché il senso delle cose si scorge, senza vistose eccezioni, appena esse sono scomparse, si tratta di una difficoltà che precede il discorso scientifico e speculativo. Questa difficoltà conferma che lo sciamano è parte di noi stessi e non è ancora scomparso.

XVI.

Negli ultimi dieci anni ho letto oltre quattro centinaia di saggi sullo sciamanesimo. Dai quali, anche quando ho visto vivacemente argomentato il contrario, ho ricavato unicamente prove che non si tratta, banalmente, di un fenomeno circoscritto ai territori in cui è ancora attestato in forma etnograficamente rilevante. Lo sciamanesimo *ha fondato* la nostra civiltà, dissolvendo via via la propria forma più visibile e diventando un fenomeno molecolare.

XVII.

Esistono molecole visuali e sonore che non si confondono con temi e forme pittoriche o musicali ma che, proprio esse, costituiscono il "segreto" di un pittore o di un musicista. Allo stesso modo, quando riflettiamo sulle origini dell'Europa, intesa nella sua accezione geoculturale più vasta, più che con i temi e le forme del cristianesimo, dell'islamismo, della civiltà carolingia, della civiltà ellenistica alessandrina, dei vari apparati statali e meta-statali che, in quanto macchine di asservimento, ne hanno segmentato e ne segmentano i territori, siamo costretti a fare i conti, già dalla preistoria, con un'ipotesi diversa e più radicata.

XVIII.

L'ipotesi di cui parlo si può così riassumere: forse il poeta, il poetasciamano, non è ospitato dal continente, ma *ospita in sé* ogni continente.

XIX.

Da cui può emergere – e varrebbe la pena di non fermarsi proprio qui – un dubbio positivo: forse è proprio in Homo poeta, e non nei vari stadi di evoluzione culturale, tecnica e sociale di *Homo sapiens* (*faber, religiosus, politicus, laborans, oeconomicus, ludens, aestheticus, technologicus*) che dobbiamo riconoscere il segreto (sciamanico) dell'Eurasia.

XX.

Eurasia sine poesis nihil.

Antropofiction
La preistoria come immagine-strappo
Valentina Rametta

Poiché le civiltà sono qualcosa di finito, simile a
un animale fantastico all'incrocio tra due mondi,
che oggi sembra galleggiare nel limbo *touchscreen*
tra vita online e vita offline, nella vita di una cultura viene un momento in cui il centro non tiene
più. Crollano le torri specchianti del Capitale, i
titoli *subprimes* e gli indici dello *Spread*. Il reale e
il simbolico, le ideologie dell'umano del post-
umano e dell'animale, le immagini della storia
vicina lontana e di domani. I tesori nei musei, le
memorie dei muri, i popoli, gli uomini e i loro
corpi. Piagnisteo e orrore, dopo aver compreso,
tra un disastro e l'altro dell'arena surmoderna, di
non poter più ricomporre l'immagine infranta
che avevamo di noi e del nostro mondo, ed esserci consolati, per il momento, con gli effetti an-
tidepressivi dell'Apocalisse.

Negli ultimi cinquant'anni la vita psichica delle
masse ha subito una metamorfosi progressiva.
Dalla società dei consumi, affannata ad accapar-
rare oggetti e merci a feticcio del nuovo potere

d'acquisto, ci ha portato all'attuale società della mediasfera integrata. Connessi alle macchine in cui si rimescolano continuamente effetti pubblici ed effetti personali, sarebbe più corretto parlare di mediamorfosi. Questo carattere "epocale" della nostra epoca, come ogni epoca, ha trasformato le cartografie psichiche interiori, i rapporti tra persone e istituzioni, tra persone e cose.

Al fondo di tutte queste novità telluriche, il tema però è rimasto lo stesso, l'*antropofiction*, il film di *Homo sapiens*, l'attività di scenarizzazione del nostro dispositivo ontologico. È il conflitto di una specie, la nostra, con se stessa, che gioca con il desiderio di sopravvivenza. Un desiderio vulnerabile e paradossale che contiene già in sé la materia coagulante che predispone ruoli e *frame* narrativi all'interno di una cornice. Il ruolo è ovviamente il nostro, il contesto è quello di un mondo che rischia il collasso ambientale, e i *frame* narrativi stanno saltando fuori dalla preistoria, cioè da uno spazio *vuoto* e *indimostrabile* in cui la nostra civiltà, per strappi e lucciole, visioni incoerenti e tracce irrintracciabili, sta cercando di contrattare il proprio volto.

Se il XXI secolo ha annunciato con chiarezza iconica le sue fini e i suoi punti di *crash*, non è certo per una diversità che la separa dal resto della storia. Semmai è il ripetersi differenziato delle incrinature che la percorrono, incrinature che sono collettive, politiche e sociali, così come sono anche ferite personali e immaginali. Solo per tale ragione, in certa misura, una soglia *assoluta* è raggiunta. Perché non c'è più segreto, e ognuno di noi è diventato come tutti e come tutto, e fa di "tutti e tutto" un *divenire*. Ecco perché i piagnistei vanno presi molto sul serio. Non descrivono solo il rischio latente di arrendersi al terrore e alla schizofrenia della cultura, ma sono il grumo di sogni che una cultura inconsciamente letargizza eppure lascia scorrere sottopelle per poter continuare a rappresentare se stessa. E forse esorcizzare se stessa da se stessa, addomesticare la paura di non esserci, di non aver mai saputo esattamente quale animale fosse, rimontando come in una anamorfosi i sogni del sonno della ragione. È la fibra che pende dopo il taglio della tela, come in una immagine-strappo che si mostra malgrado tutto il visibile e il leggibile.

Per ricomporre l'immagine occorre un *avatar* e uno specchio. Un *avatar* che ci sdoppi e ci moltiplichi e uno specchio che ci restituisca un'immagine nel pulviscolo del mostrarsi. Navigando in rete tra siti specializzati, community, blog e social network, la preistoria non è più appannaggio di specialisti del settore e di un sapere circoscritto fuori del tempo. È ormai un fenomeno popolare, è divenuta preistoria globale attraverso la quale sembra passare la ridefinizione zoo-politica del genere umano. Fa da sponda alla nostra precaria antropologia, con il ritorno sulla scena dell'animale e delle operazioni mediatiche sulla storia genetica, in coincidenza con la diffusione della notizia che *Neanderthal* si è sporadicamente incrociato con *Sapiens sapiens*. La rete si è riempita d'immagini nuove di noi, dei nostri antenati e del nostro luogo primordiale. Fa da segnatura alla macchina antropologica della post-storia, come una colata di cera persa.

Non so se è bene o se è male. Non mi interessa. È uno dei tropi più comuni, dei modi ricorsivi di pensare i destini generali. Questo mi interessa. Nel momento in cui la comunità intellettuale sta tentando di contrattare il passaggio a un'altra mitopoiesi collettiva, un'era in cui l'essere umano entra di fatto nella storia naturale del pianeta, quella dell'Antropocene, questo stesso viaggio verso il futuro si ripiega verso il passato e cita la preistoria, la cultura del Paleolitico come immagine all'ordine del giorno. Sembra la messa in scena di una bolla del tempo che altera simultaneamente il futuro e il passato, il riavvolgimento del film di *Homo Sapiens* e la sua messa in pausa momentanea al fine di evitare che qualcosa si ripeta e s'installi in un nuovo presente distopico.

Il Capitale ha sempre un piede nel passato e uno nel futuro. Il non detto del problema non ha tanto a che fare con la questione etica o con le sfide della morale, né con la ricerca di un antispecismo salvifico che ci riconcili con tutto il creato in una pangea sociale. Perché c'è un altro modo di continuare a costruire fantasie di sopravvivenza e di salvezza dietro l'apparente *de profundis* intonato dalla società globale, e cioè saltare dall'organismo all'onanismo; dalla fatica della sopravvivenza fisica al gioco, alla palestra (*playground*) simbolica. E stiamo giocando, ci stiamo preparando. Tutto il complesso di allegorie della preistoria è una enorme attività iper-ludica che ci fa vivere immersi nelle nebbie del *kitsch* che si è trasferito nell'immaginazione. Dalle ricostruzioni paleoartistiche dei resti fossili della neaderthaliana *Wilma* al palinsesto di *Real Time*, che dispiega tutte le declinazioni possibili della *wilderness* americana, dalle terre estreme dell'*Alaskan Bush People* al folk-pop di *Russian Yeti*, la seduzione non sta tanto nell'invito a sognare un nostro prima, ma nella costruzione stessa del sogno. Una specie di spot pubblicitario in cui l'esperienza della specie non è descritta ma evocata.

Per quanto rievochi in noi una condizione originaria e biologica di esposizione all'animalità inattesa, è suscettibile di abusi, coercizioni, violenze e (ri)torsioni. Il punto non è prendere una posizione contro il proprio tempo, ma *oltre* il proprio tempo, capire cosa farne, qual è *l'effetto* performativo che ci rende parte di un problema politico. Come convertirne il materiale fluido in una cassetta degli attrezzi per posizionarsi in quella soglia all'incrocio tra due mondi e reimmaginare l'animale fantastico che siamo sempre stati. Grossomodo stiamo ancora là, per gli stessi motivi, per la resistenza e per l'utopia, salvarsi la pelle e farsi un'arma. Perché a ognuno di noi, come a ogni *cultura*, tocca il proprio antispazio e la propria mitologia per sopravvivere.

Ogni visibile ha la sua lettura e il leggibile il suo teatro di posa. Come dire che il corpo, con i suoi stati affettivi e con le sue prossimità, sta sempre a metà strada tra una Storia e un Storia di fantasmi. Micropercezioni allucinatorie e incubazioni diurne. Al netto della vita e delle sue istruzioni per l'uso, la *consistenza* del presente somiglia a quella di un dormiente che si gira e si rigira nel proprio letto. E forse per capirlo dovremmo passare attraverso il *medium* del sogno e la sua antropologia del visibile.

Se dobbiamo trovare oggi la vera posta in gioco è che siamo già stati sottoposti alla perdita di qualcosa. Ne abbiamo ripetuto i mantra senza sapere esattamente cosa sia andato perduto: la fine dell'Occidente autoimmune, la fine del bagaglio di narrazioni collettive, di metafore personali; di soggettività mutate in vulnerabilità su scala globale, l'ingresso nell'era troppo umana dell'Antropocene. Ma da che cosa vogliamo *uscire* esattamente, mentre colpiamo con il martello, non più per auscultare ma per demolire l'ossatura metafisica della cultura occidentale? Prima abbiamo assistito all'annuncio della morte di Dio, consegnandoci al regno puro della pura teologia. Poi a quella dell'uomo moderno, trasmutato dagli algoritmi e dalle macchine in un ammasso di codici moltiplicabili. E ora dobbiamo affrontare anche la morte del mondo, la sparizione della natura, dei popoli alienati dalla nostra modernità.

Tre crolli, tre morti. Le idee, le immagini e le cose. Viviamo la morte. *"Vom Thode"*, cioè *dalla* morte. Viviamo *dalla* morte. Forse è questo che fa più paura, la crisi del modo di produzione capitalistico ha avuto questo di impensato: ha riabilitato la morte, l'ha seminata di nuovo nella storia che volevamo tirare a lucido, dentro la domesticità delle cose e delle case, nella vita quotidiana, nell'esperienza dell'io. L'ha resa una porcellana intima e familiare. Abbiamo visto dei veri orrori, li stiamo vedendo e li stiamo ancora infliggendo all'esterno dei nostri confini. È questo il tratto della mediamorfosi antropologica che ci coglie impreparati: è lo statuto dell'umano che è andato completamente in frantumi mentre lo esibiamo ancora, l'ontologia propria della cornice giuridica liberale che investe completamente, con tutti i suoi derivati cognitivi e turbocapitalisti, lo spazio politico e sociale, i cui frammenti continuano a polverizzarsi tra un tentativo di ridefinizione e l'altro.

La "fede percettiva" del buon vecchio antropocentrismo, che addomesticava il bilico naturale tra caso e scelta, ci ha ripiombati nell'enigma in cui l'umanità vede se stessa emergere dall'animalità ma non ha mai saputo esattamente né quale animale fosse né se abbia davvero trasceso quello stato completamente. Se c'è un aspetto che il lavoro teorico e critico sul discorso biopolitico ha accuratamente evitato, pur focalizzando l'attenzione sui corpi, sulla loro vulnerabilità sociale e sulle condizioni del costituirsi come soggetti autodeterminati, è stato proprio il domandarsi, in senso specifico, quale forma psichica assuma il potere e quale sia il tropismo, il *torcersi del desiderio di sopravviere*. Si rivolge tanto al corpo quanto al sistema nervoso centrale, producendo l'effetto psichico di essere attaccati alla propria subordinazione. Letteralmente gioca col desiderio di sopravvivenza.

Disastro, crollo, nemesi, estinzione abitano l'immaginario sociale, come se la collettività fosse una collettività sognante, che avverte il bisogno di far deragliare verso il limite estremo il proprio sonno annunciandogli qualcosa di non ancora visibile eppure virtualmente chiamato in causa a intimargli un'ingiunzione. L'esibizione del desiderio distruttivo che la nostra cultura porta con sé, in questo gioco di virtuali cause, effetti, colpe, accuse e post-mondi, qualcosa di appagante e necessario da esibire, oggetto di comunicazione di massa, di scambio simbolico e di morte. Il gioco della catastrofe è l'incidenza del quotidiano che fa i conti con la propria disseminazione.

È la manutenzione anfetaminica del trionfo sulla morte. A parte le lusinghe della connivenza con le tendenze culturali del momento, dell'elogio del senso comune medio colto. Soprattutto per le SIG, le Superstar Intellettuali Globali che nutrono il business culturale *mainstream*. Non potrai muoverti senza dilaniarti. Soprattutto nell'era dei "lavoratori della conoscenza", l'epoca dei cervelli in ultrafibra, affannati a ritrovare il Corpo Assente della vita sensibile. Perché se c'è qualcosa che manca, è proprio il corpo, nonostante la nuda vita, la performatività, le moltitudini e le teorie post-umane. Ciò che abbiamo invece è un corpo reidratato da un certo uso del biopolitico, che vorrebbe scoprirne la lesione mentre la ricuce.

Si resta lì, attaccati al salvagente degli oggetti, delle merci, anche quando le parole o le immagini auspicano una deriva, giusto per non addormentare i sensi, per pompare aria nei polmoni, elettrificare i pensieri di una sostanza che ci tiene in vita. E ci vuole un corpo che prova a tenere in conto l'anti-corpo, quella parte che invece di conciliare le ferite in un *pharmakon* ad alta digeribilità sociale, lascia sgocciolare nei suoi pori l'incoerenza del momento terminale dell'errore di sistema. Sembra una specie di paradosso del *plenum vuoto*: a forza di riempire, salvare, risolvere e assolvere – il mondo e con lui noi stessi – non ci si è accorti dell'Oggetto Assente, noi, l'umano, cioè il "niente", che schizza intorno una palude sconosciuta. E tutto quello che non vorresti è là, che ti guarda digrignando i denti, che cerca il tuo sguardo e ti fa segno.

Il problema non si pone solo in termini di politiche della natura, ma di natura delle politiche, di quali pezzi, oggetti, idee e immagini abbiamo messo dentro gli ingranaggi della macchina mitologica della nostra specie. Il che vuol dire che il difficile è dire non quanto basta e quanto serve, ma proprio quanto è inutile e inservibile per stare meglio, che magari ci risveglia al desiderio che non appartiene né alla società né alla legge.

Viviamo soffreddo nelle ossa il senso di un futuro compromesso e un'anoressia dei progetti. La geopolitica del mondo contemporaneo deve lasciare il posto a una geofilosofia planetaria. L'imminente dissesto ambientale ed economico è un pretesto per controllare e gestire paure irrazionali e reindirizzarle al consumo di nuove ideologie economiche. Per farlo siamo entrati in una fase "verde" del capitalismo globale, e quello che ci aspetta – già visibile ma non ancora abbastanza sotto i nostri occhi – è la sparizione di quel che resta di *selvatico*, di *altro/ve* nel mondo: pensiero, popoli, culture, paesaggio radicale. Il nuovo volto, astratto e mediatico, ha trasfigurato la realtà in uno stereotipo consumistico, reidratato dalle menzogne di una economia responsabile, sostenibile e democratica. L'ennesima griglia autoritaria con cui la modernità produce e riproduce, sfigura e riconfigura l'interminabile processo di avvitamento su se stessa, sospinta dall'idea che le sorti della civiltà contemporanea siano ancora magnifiche e progressive.

Se la preistoria nel mondo globalizzato si porta dietro tutto il carico di gadgets, nuovi feticci, attività ludiche di cui ci circondiamo nel tempo e nello spazio, c'è però un altro lato dell'*antropoficion* che stiamo girando in presa diretta, che è troppo lontano dall'occhio di bue della nostra macchina da presa. Un cacciatore-raccoglitore Xavante del Mato Grosso do Sul, rilocato in una riserva circondata da *fazendas* e scintillanti campi di soia, racconta in che modo, nel loro mondo, la loro vita psichica sia mutata, la selvaggina quasi del tutto scomparsa, la libertà del nomadismo ridotta ad un protocollo di intesa per favorire lo sviluppo dell'economia verde. Racconta di come siano arrivati, molto tempo prima del nostro qui e ora, il mondo troppo umano e l'apocalisse. Per sopravvivere hanno dovuto introdurre l'agricoltura, ananas e miglio per ricavare la manioca. Tutto quello che manca proviene dagli istituti missionari e dagli organi di governo. I cacciatori Xavante sanno ancora produrre una mappa articolata delle zone di caccia che non ci sono più. Anche se convertite in porzioni di pascolo per le industrie della carne o in piantagioni destinate al *biofuel*, quei luoghi pulsano e proliferano ancora nella loro mente. L'uomo che raccoglie le parole del cacciatore vuole scrivere di quella vita che non c'è più e di quella che c'è ora. Vuole scrivere di una nostalgia, della caduta di una cosmologia e di un luogo che travolge e aliena. Vuole scrive di una apocalisse, e di un *antropocene* che già hanno avuto luogo. Poi il cacciatore interrompe il flusso del racconto: «ma è vero che in Africa ci sono ancora tutti quei grossi animali o è solo un'invenzione, di quelle che si vedono alla televisione? Esiste veramente, l'Africa?».

C'è bisogno di un cambiamento *cognitivo* che investa prima di tutto il nostro paesaggio mentale, e con esso la nostra consapevolezza come *specie planetaria*. Se il "Paradigma Pleistocene" deve servire a qualcosa, è a spaccare finalmente lo stampo d'argilla della mente. C'è bisogno di ridurre il volume del nostro piagnisteo per ascoltare il lamento di qualcosa che adesso muore, che non ha mai smesso di farlo lontano da qui. Così forse il gioco della sopravvivenza non è solo un monumento alla nostra egomania ma una *demo-crazia del possibile*, un'allucinazione che strappa le immagini tra passato e futuro, in un tempo *presente* che ci viene incontro, ma anche *contro*, con le voci del suo crepuscolo.

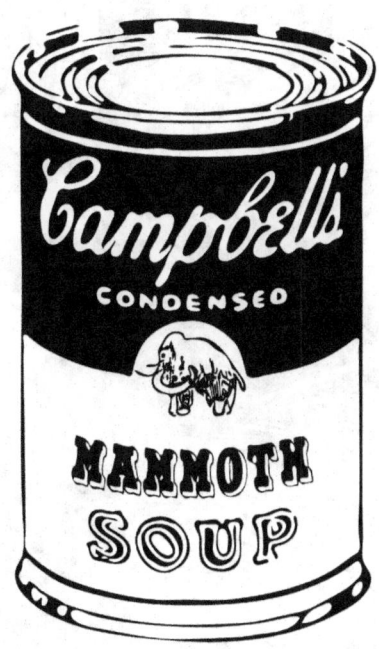

L'evento dell'Antropocene
Andrea Pavoni

*Dove sono le azioni che l'uomo può fare senza essere entrato
in quello strato di nebbia del non storico?*
(Friedrich Nietzsche)

Antropocene

Alla fine del secolo scorso un chimico e un biolo-
go hanno proposto di rinominare l'epoca corren-
te così da riconoscere l'effetto dirompente
dell'uomo sull'ecosistema terrestre. Antropocene
segnala il momento in cui l'agri-cultura prende
coscienza della virulenza scatenata dal tentativo
di forzare la terra entro i propri schemi di produttività, omogeneizzazione, sfruttamento. Antropocene, evidentemente, non è che un sintomo
di un'epoca che comincia con un brivido crescen-
te a percepire l'inevitabilità della propria fine.
Sintomo di crisi della civiltà, l'Antropocene ne
manifesta al tempo stesso l'ultimo sussulto, il
tentativo di prolungare all'infinito la crisi stessa.
Dopotutto, è nella e attraverso la crisi (economica, finanziaria, politica, sociale, ambientale) che
la governamentalità contemporanea si sostiene,
si tiene, e ci trattiene. La previsione
dell'apocalisse prossima ventura alimenta il potere che frena, il *kathecon* che sospende ogni ge-
nuina politica in un impegno post-politico di

amministrazione/procrastinazione dell'esistente. Senza nemmeno per un istante mettere in discussione la visione del mondo che li alimenta, modi d'azione tecnocratici si susseguono, ammantati di una vaga *hybris* prometeica, tra compravendite di emissioni di CO2 e summit spettacolarmente superflui, nel tentativo di congelare lo *status quo* entro il tempo infinitamente prolungato della crisi, posticipare indefinitamente l'avvento inevitabile della catastrofe, senza che nessuna possibilità di redenzione si scorga all'orizzonte.

E se invece l'apocalisse si fosse già compiuta? Se ci stessimo già ora aggirando tra le macerie dell'Antropocene? In tal caso la questione cruciale non sarebbe più quella di come fare a resistere, a ritardare l'avvento della catastrofe, ma quella ben più complessa e promettente di costruire, immaginare, effettuare il dopo. Un compito che si situa in una temporalità diversa dalla linearità dialettica che il concetto di Antropocene sembra confermare. Come suggerisce Bratton, il post-Antropocene non si deve intendere come un'epoca situata *posteriormente* all'Antropocene, ma come un parassita annidato al suo interno. Se Antropocene è il tempo della civiltà, della Storia, in esso coesiste e insite un altro tempo, il tempo dell'evento, del divenire, un divenire nomadico ed errante, quello che Nietzsche chiamava il «non-storico», quello che ha fatto per lungo tempo comodo collocare nel pre-storico. Il Pleistocene appunto, non un momento congelato nella preistoria, ma lo «strato di nebbia» che coesiste e insiste nella storia della civiltà, divorandola al suo interno come un parassita, intrattabile e invisibile alle categorie, strumentazioni e datazioni del suo metodo. La fine della storia non è certo la fine dell'uomo. Comprendere come questa civiltà sia già morta non equivale a suonarne il *requiem* ma ad assumere la profonda inadeguatezza delle modalità di pensiero e azione che l'hanno dominata. Significa ri-orientarsi verso quell'elemento che l'uomo ha tentato nei secoli di limitare «pensando, riflettendo, comparando, separando, unificando». Scavare tra le macerie dell'Antropocene dunque, per riesumare, rieffettuare quelle modalità d'essere, agire e vivere radicalmente *altre* rispetto al tempo e allo spazio dell'agri-cultura.

Evento

L'éclat, la splendeur de l'événement, c'est le sens. L'événement n'est pas ce qui arrive (accident), il est dans ce qui arrive le pur exprimé qui nous fait signe et nous attend … il est ce qui doit être compris, ce qui doit être voulu, ce qui doit être représenté dans ce qui arrive.
(Gilles Deleuze)

Mentre attendiamo con ansia che la commissione internazionale di stratigrafia decida, con i suoi tempi geologici di dibattimento, se conferire l'autorizzazione a chiamarci ufficialmente abitanti dell'Antropocene, in vari ambiti del sapere ci si sforza di capire cosa tutto questo significhi. Domanda mal posta, come si osserva altrove in queste pagine. Domanda tipica di una «cultura che, col concetto di Antropocene, arriva a pensarsi come unico orizzonte di esperienza possibile». Antropocene come Antropizzazione.

Tuttavia c'è un altro modo di mettere a fuoco l'Antropocene, senza costringerlo in un ennesimo significato, ma prestando attenzione al fragore del suo evento. Annunciando al tempo stesso l'avvento di un'epoca e la sua fine, Antropocene è un evento che risplende di un senso non ovvio, non comune, un non-senso errante che ci mostra un altro sentiero in cui articolare nuovi problemi. Non il tentativo di rinchiudere il mondo in un nuovo orizzonte di senso, ma la volontà di seguire fino in fondo l'irrimediabile rottura di tale orizzonte che l'evento stesso annuncia.

Visto da questo squarcio, il richiamo ecologista a farci da parte per re-immergerci in un tutt'uno con nostra Madre Terra risuona sospetto. Così come tutto quell'entusiasmo disturbante di tanta filosofia contemporanea, che nel post-umano sembra aver trovato la "soluzione" – letteralmente in effetti. Il grido entusiastico ad andare *oltre* ("io", "soggetto", "umano") per dissolversi in una comunanza chiamata clima, Gaia, ambiente, globo, mondo, natura, vita... assomiglia a un grido di paura. Il suo entusiasmo un entusiasmo isterico, di chi ha colto qualcosa e vuole sottrarsi alle conseguenze, un barlume di non-senso terrificante poiché privo di ogni comunanza, radicalmente altro dal senso comune, assolutamente incompatibile con il buon senso, intrattabile per ogni significazione.

Che Cartesio non fosse così fuori strada, almeno inizialmente, che forse il suo dubbio, il dubbio, contenesse una forza ben più radicale del pensiero di quei sedicenti radicali che lo denigrano senza leggerlo in ogni introduzione, commento, dibattito? Cartesio dubita. Dubita che io, soggetto, pensiero, mondo, che tutto questo possa essere solo un'illusione. Egli dubita dell'orizzonte di senso che già da sempre ci diamo. Cartesio, certo, a un certo punto si spaventa delle conseguenze del suo dubbio. Prontamente si ritira entro la sicurezza del *cogito*. *Cogito ergo sum*. Il cogito che *opera* (*ergon*), fa sì che l'essere sia. In quell'*ergo* sta tutto il senso della fuga cartesiana, l'ergastolo in cui si rinchiude, la torre d'avorio dell'io penso da dove esegue quotidiane incursioni nel mondo per poi tornarvi, al sicuro. Esso, come diceva Sartre, con la sua mente-ragnatela avviluppa lo spazio circostante per poi inghiottirlo, digerirlo e infine risputarlo trasformato nella propria sostanza, *cogitatum*.

La vulgata contemporanea sostiene che rompere con Cartesio equivalga a rompere con la dicotomia privilegiata da lui creata, la sicurezza artificiale che protegge il *cogito* dalla *res extensa*, ciò che si estende, fuori. Eppure, come ha suggerito di recente Claire Colebrook, forse il problema di Cartesio è di non aver avuto il coraggio o la forza per seguire sino in fondo l'intuizione che il dubbio gli aveva aperto. L'intuizione errante di un non-senso da cui si è difeso erigendo le sue fortificazioni. Un'intuizione che risuona ancora oggi, e che contro il richiamo a contrastare il disincanto moderno lasciandoci re-incantare da ciò che ci circonda, ci sprona a perseguire un ancor più «intenso disincanto ed evacuazione di significato». Un'attitudine che appare come l'antitesi dell'antropizzazione che l'Antropocene sembra confermare, giustificare, cementare.

Da questa prospettiva allora il post-cartesianismo ci risulta meno radicale di quello che pretende di essere. Da Kant in poi, sembrano susseguirsi una serie di tentativi di re-inscrivere, re-imbracare il nostro essere nel mondo entro una cornice di senso: Rappresentazione, Storia, Soggetto, Esperienza, *Dasein*, Vita, Ambiente, Gaia. Dal Marxismo all'Idealismo alla Fenomenologia al Vitalismo all'Ambientalismo, non sono tutte facce di un unico tentativo di antropizzazione, imposizione di un orizzonte, il girare costante della *meaning-making machine* della civiltà? Qui sta dunque la forza dell'Antropocene, non del concetto, già vecchio, ma del suo evento, la sua rottura di senso, il suo rigettarci indietro e dunque avanti verso una modalità di azione non banalmente post-umana, ma che al contrario affranchi l'umano da quella macchina antropizzante che attraverso un'incessante fabbricazione di senso (e dunque di scopi, di fini, di cultura, di capitale) ne ha imbricato le potenzialità. Se l'Antropocene segnala lo schiocco di una rottura, l'ecologismo, il post-umanismo e l'ambientalismo nelle loro varianti ingenue la rifiutano con forza, e mentre mostrano impeto radicale, sono in verità indaffarati a fornirci un nuovo senso comune, un nuovo significato condiviso, un nuovo orizzonte che possa cicatrizzare al più presto questa ferita terrificante. Affrontare la ferita è affrontare il conflitto che essa rilascia. Essere fedeli all'evento della rottura di senso che essa annuncia. In questo "senso" l'Antropocene, il suo evento, ha un aspetto radicalmente politico e non morale, quel moralismo dove molto ambientalismo ingenuo s'impantana.

Qui sta il paradosso dell'Antropocene: proprio il tentativo finale di addomesticare il mondo, di racchiuderlo interamente in un orizzonte di senso, e dunque di misurazione, capitalizzazione, ha creato le possibilità per una radicale rottura dell'orizzonte stesso. Da qui può partire il compito apparentemente paradossale d'appaesarsi entro uno spaesamento radicale, appaesarsi errando.

Appaesamento

Un paese ci vuole, non fosse che per il gusto di andarsene via.
(Cesare Pavese)

L'appaesamento è quel lento processo di con-prensione di un territorio, un venir-insieme di corpi, movimenti e spazi, adattamento e appro-priazione reciproca sempre dipendenti (sebbene mai determinati) dalle relative singolarità. Appae-samento non è mai ordine su caos, poiché la pree-sistenza stessa di un caos omogeneo non è altro che una giustificazione, *a priori*, della necessità di un Dio o Leviatano che vi ponga ordine, e dunque una legittimazione, *a posteriori*, di tale ordine. Sul-la *tabula rasa* si son costruiti imperi coloniali e si-stemi di pensiero altrettanto potenti. Al contrario, appaesamento è prima di tutto un incontro con un territorio già denso di complessità e normatività sue, e dunque una progressiva costruzione di un nuovo ritmo che adatti il proprio a quello del luo-go, e viceversa. Un processo di negoziazione dia-logica ed errante.

Lo sa il falegname che lavora il legno, mai mate-ria informe ma materiale sempre diverso e singo-lare, più o meno poroso, elastico, resistente. Per lavorarlo «si tratta di seguire il legno e di seguire sul legno, connettendo delle operazioni e una materialità, anziché imporre una forma a una materia: ci si rivolge non tanto a una materia sottomessa a leggi, quanto a una materialità che possiede un *nomos*» (Deleuze e Guattari). Materia che ha una sua normatività. Abitare il fuori è una prassi di costruzione di mondo, con (assieme al) materiale a disposizione, come nell'erezione di un abitato ci si adatta alla conformazione del luogo, seguendone i corsi d'acqua, i pendii, le depressioni, ma anche cambiandone le forme, i ritmi, le norme. La Natura Intatta è un mito altrettanto falso che la giungla di plastica di un parco giochi. L'ecosistema non ha nulla di primigenio, di intatto, di inviolato. In esso corpi umani, animali, vegetali, minerali, atmosferici s'intersecano e divergono da sempre. Questo è quello che tra l'altro ci comunica l'Antropocene, l'emersione di una nuova normatività geologica in cui si sovrappongono leggi umane e planetarie, deterritorializzazioni capitaliste e tempeste atmosferiche.

Appaesamento dunque non è esaustione di un incontro in una con-fusione. Appaesarsi è superare ma al tempo stesso conservare una distinzione, come ricorda Warburg, riesumando e riattuando modalità d'azione erranti, divenienti, modalità che già ritroviamo nel modo d'agire e d'orientarsi dell'uomo pleistocenico. Non si trat-

ta semplicemente di una nostalgia di ritorno alle origini ma piuttosto di volontà che le origini
tornino a noi, lasciar che l'uomo sia attraversato
da quelle forze cosmiche che per lungo tempo
ha silenziato. Le forze di quell'inconscio geologico che la psicanalisi ha incatenato dentro una
scatola nera individuale e privata, quella che
Deleuze e Guattari fanno a pezzi in un passaggio memorabile:

on ne délire pas sur son père ou sa mère, on délire sur le monde
entier, on délire sur l'histoire, la géographie, les tribus, les dé-
serts, les peuples, les races, les climats ... on délire le monde

Forze cosmiche in quanto appartenenti a un cosmo che l'uomo non può abbracciare con la
propria forza significativa, a cui non può unirsi
in nessuna utopia post-umana. Un *atavismo geo-*
logico dunque, secondo il termine calzante di
Colebrook, che non intuisce la vita come
un'unità pacificamente interconnessa ma come
un *open whole*, un tutto aperto di potenzialità
divergenti e incompossibili. Appaesamento
dunque è tracciare una risonanza tra divergenze
radicali, una risonante modalità d'abitare errando questa turbolenza conservandone il non-
senso, generando un paesaggio in cui si possa
respirare, muovere, creare.

Antropizzazione al contrario è spianamento
forzato della terra, il tentativo sistematico di

racchiuderla in un orizzonte di senso. Non appaesamento, ma dissodamento, l'atto di liquefare un territorio fino ad allora *sodo*, di renderlo materia omogenea che sia infinitamente malleabile e manipolabile.

Arare il Deserto

Nessuna specie è più inquietante dell'uomo, poiché esso ara.
(Timothy Morton)

Il mare d'Aral, o ciò che ne rimane, è alimentato dall'Amu Darya e dal Syr Daria. L'Amu Daria è il leggendario Oxus, il fiume che già Pietro il Grande, a mano a mano che il suo delirio cresceva, immaginava come via d'acqua principale in direzione della grandiosa impresa: la conquista dell'India. Egli, evidentemente, delirava ampiamente *sur l'histoire, la géographie, les tribus, les déserts, les peuples, les races, les climats.* Deliri che generavano paure, ansie, aspettative, affetti incontrollati che solcavano il mondo conosciuto e sconosciuto, mettendo in modo la prima guerra fredda della storia. Nel *Great Game*, Russia e Inghilterra si fronteggiavano inviando esploratori in incognito per conoscere, comprendere e controllare la vasta regione, ignota e ostile, che separa il nord dell'India dal Mar Caspio. Missioni di traduzione, tradurre il lento processo di appaesamento dell'esploratore in mappe, astrarne le

singolarità in cartografie e traiettorie per ipoteti-
che strategie di colonizzazione e conquista. Sembra che all'inizio dell'Olocene l'Oxus fluisse nel
mar Caspio. Poi le inclinazioni e depressioni geologiche ne avrebbero deviato il corso. Così riferi-
va un Turkmeno a un emissario di Pietro il
Grande, che prontamente disegnava un piano di
strategia geologica volto a ristabilire il corso ori-
ginale del fiume, per tracciare una via d'acqua
sicura tra Russia e India.

Il piano delirante riemerge secoli dopo quando
una nuova deviazione, sovietica, sancisce
l'ingresso della regione nell'immaginario
dell'Antropocene. Non la conquista dell'India, ma
del deserto. Arare il deserto, far che sia produttivo
l'improduttivo *par excellence*. Parafrasando il coro
dell'Antigone, Morton sottolinea che è
l'agricoltura, inizio filosofico e geologico
dell'Antropocene, a rendere l'uomo un essere inquietante, in quanto l'essere che trasforma la terra
in uno spazio agricolo, ovvero uno spazio di senso, progetti, necessità, produttività. Racconta Tom
Bissell come gli ingegneri Sovietici considerassero
il mare di Aral un "errore della natura", una
quantità inutile d'acqua salata in mezzo a un improduttivo deserto, un errore da correggere dando all'Aral una "morte serena" attraverso una serie di canali che deviassero enormi quantità
d'acqua dall'Oxus in direzione del deserto attorno
a Bukhara. Il fiume presto non sarà più in grado

di arrivare al mare, si prosciugherà rapidamente in un gigantesco e surreale deserto costellato da navi infilzate obliquamente nel terreno. Così l'Uzbekistan, stato prevalentemente desertico, diviene il secondo esportare mondiale di cotone. Senza l'effetto mitigante del mare, tutt'intorno le temperature diventano estreme, estati caldissime e secche, inverni rigidi e lunghi. La normatività geologica del luogo è sconvolta, e con essa la vita delle popolazioni locali. Il *Buran* siberiano trasporta tempeste verso Nukus sollevando enormi nuvole di sabbia e sale dal letto dell'Aral, e con esse le polveri dei diserbanti, insetticidi e rifiuti tossici scaricati per decenni dai Sovietici nel letto del mare. Con un'economia a pezzi e una salute precaria, i Karakalpaks oggi sono «nomadi che non hanno dove andare, pescatori che non hanno da pescare».

Antropocene è la riemersione geologica del represso dall'antropizzazione forzata, la conferma che non siamo fatti di carne ma di roccia, di faglie, di atmosfera e di magma, e che appaesamento non ha quel significato romantico che a volte si tende a volergli assegnare, ma una valenza assolutamente esistenziale, non un esistenzialismo individuale ma planetario. Appaesamento è la comprensione e attuazione di una compresenza che non cancella la distinzione e non pacifica l'incontro, che segue il territorio, segue sul territorio: la negoziazione che è propria della *hunture*.

Antropizzazione è invece produzione di uno spazio liscio che smussa ogni attrito e asperità, asfaltando: la negazione che è propria della *culture*. Infatti, è nella singolarità dell'appaesamento, nel suo irriproducibile corpo a corpo con il fuori, che sta la divergenza sostanziale tra il nomadismo errante della forma di vita Pleistocenica ed il nomadismo seriale, neutralizzato e innocuo, che solca lo spazio liscio del capitale. Tornare a pensare il primo significa disattivare la macchina produttiva di senso che alimenta il secondo, aprendo corpo e pensiero all'incontro con la contingenza assoluta del territorio.

Whiteout

Possa io sparire perché le cose che vedo, non essendo più le cose che io vedo, divengano perfettamente belle.
(Simone Weil)

Uscendo dalla funivia a quota 3.212 metri in Val Senales, una tormenta di neve mi travolge. Di essa mi ricordo il rumore bianco, gli spilli di neve che si abbattevano sulle labbra, il bianco-grigio che avvolgeva la scena. Dopo qualche passo riesco a distinguere la direzione della pista, a percepire l'inizio di una lieve pendenza, mi siedo poco convinto e infilo lentamente gli scarponi negli attacchi della tavola. Rimango qualche minuto seduto, con la tavola agganciata, ad ascoltare il rumore, intervallato da acuti di vento, a guardare ciò che rimane della mia visuale. Poi mi alzo e comincio a scivolare, lentamente. La pendenza è veramente lieve, un falso piano. Dopo non più di una ventina di metri inizio a perdere velocità, fino quasi a fermarmi. Eppure la pendenza non sembra variare. Invece la tavola ormai è quasi ferma. Ciò non ha senso, penso. In un piano inclinato la velocità dovrebbe aumentare. Mi sbilancio. Incerto e sorpreso, assecondo la perdita d'equilibrio fino quasi a sedermi di nuovo. La visibilità ormai è scomparsa del tutto. Sono immerso in un bianco denso e brillante in cui anche i toni del grigio sono stati fagocitati. Mentre lentamente mi chino fino a sfiorare il terreno con il guanto sinistro sento una forte fame d'aria che le mie ampie boccate non riescono più a colmare. Con un piccolo scarto riprendo l'equilibro, la tavola ancora non è ferma del tutto, sfrutto la poca inerzia che rimane e riesco a restare in piedi. Una frazione di secondo e un blocco di neve si stacca da sotto la mia tavola. Per un istante resto sospeso in un assoluto smarrimento, un attimo, poi un terrore puro mi travolge, mentre l'immagine bianca di fronte a me s'intervalla all'immagine di me visto da fuori, rimandata attraverso il rumore bianco dal drone della mia auto-coscienza che sorvola la scena come un elicottero di salvataggio che osservi inerme uno snowboardista finire sotto una valanga. Un altro istante e mi ritrovo a terra. Respiro ancor più a fatica. Percepisco le mie pupille dilatate sotto la maschera. Pian piano realizzo. La mia lenta perdita d'equilibrio non si è mai arrestata. Non ero riuscito a contrastarla come creduto. Non mi ero rimesso in piedi. Avevo continuato a cadere, lentamente. Nessun blocco di neve si era staccato sotto di me. Semplicemente, quella lieve pendenza che alimentava il mio movimento era cessata. Un falso piano, in un paio metri, era ridiventato un piano. Questo movimento aveva prodotto in me la sensazione netta di aver provocato una slavina. Ora riuscivo a vedere il mio compagno fermo a cinque metri di distanza attraverso la tormenta. Non ne vedevo che una sagoma tra la neve e il vento. Sembrava guardarmi interrogativa. Avevo appena sperimentato il mio primo *whiteout*.

Whiteout è una condizione di bianco tridimensionale in cui l'orizzonte scompare generando un profondo disorientamento. La negazione della vista, della distanza e dell'orizzonte getta il corpo nella materialità tattile di un vortice. Aperti a questa assoluta contingenza, noi assistiamo a potenzialità che non sappiamo ri-conoscere, poiché *noi* non è più presente. Prima della domanda "cosa fare", il *whiteout* ci forza a chiedere: "cosa si è disfatto?". Nient'altro che il "controllo di sé", il possesso. Nessuno, nel *whiteout*, può essere *dominus sui actus*. La *meaning-making machine* s'inceppa e i tentativi di rimetterla in sesto non provocano che ulteriore nausea, stordimento, caduta. Tuttavia ciò non dev'esser motivo di disperazione. Tutt'altro. Nel *whiteout* la nausea, Pazienza ci suggerisce, è «il segno che siamo gravidi di cambiamento». Un cambiamento che va attuato al di là della coppia azione/non-azione, verso una modalità radicalmente altra di inter-agire. Come dice Liu Bolin, in riferimento ai suoi *camouflage*, «anziché dire semplicemente che son scomparso nello sfondo, sarebbe più giusto affermare che l'ambiente mi ha penetrato e che non ho più il lusso di scegliere se essere attivo o passivo». Un istante che è simile, sebbene di segno inverso, a quegli istanti di cui parla Dostoevskij:

secondi, non più di cinque o sei per volta, in cui sentite a un tratto la presenza dell'armonia eterna, perfettamente raggiunta. È una cosa non terrena; non voglio dire che sia celeste, ma che l'uomo, nella sua forma terrena, non la può sopportare. Bisogna o trasformarsi fisicamente o morire. È una sensazione netta e inequivocabile. Come se a un tratto sentiste tutta la natura e a un tratto diceste: sì, è vero.

Il *whiteout* in cui ci getta l'evento dell'Antropocene non segnala nessuna armonia o eternità. Come se a un tratto sentiste tutta la natura e a un tratto diceste: no, non è vero, non c'è armonia, non c'è senso, un "no" che ci forza a ricalibrare la nostra prospettiva. Se l'ecologia s'incaponisce spesso nell'idea di un tutto armonico a cui dovremmo tornare, al contrario dobbiamo riorientarci verso la fondamentale disarmonia che ci comunica questo evento, utilizzare una radicale immaginazione che ci permetta di sintonizzarci con la totale indifferenza della terra al nostro esistere, con la totale assenza di senso che essa comunica. Leggendo Cioran e Leopardi, Masciandaro osserva che qua sta il significato profondo del concetto di *pessimismo cosmico,* non uno stato di soggettiva depressione, disfattismo, rassegnazione, ma la comprensione letteralmente cosmica (non personale, non soggettiva) del «radicale divario tra scienza e il suo evento, tra il conoscere e la capacità di conoscere»: l'universo non è filosofabile, il mondo è assolutamente indifferente al nostro inevitabile abitarvi, la terra non è *per noi*, e dunque non è appropriabile, comprensibile, riducibile a un orizzonte di senso. Un divario che, suggerisce Meillassoux, dovremmo smettere di interpretare come la forma della nostra inadeguata comprensione del mondo, ma come la forma del mondo stesso: proiettare il non-senso entro le cose stesse o, come sussurra altrimenti Nietzsche, imparare a vedere ciò che è necessario delle cose come ciò che è bello in esse. Rinunciare ad avvolgere il mondo con la sottile pellicola nel *nostro* senso, disattivare il dispositivo culturale, così da restituire corpo e immaginazione all'erranza.

Appaesarsi nell'Antropocene è appaesarsi in un *whiteout* planetario che non può essere risolto dal suo interno, che richiede una trasformazione, andare oltre la forma umana o, più precisamente, recuperarla in quelle potenzialità incatenate da millenni di civiltà neolitica entro l'apparato produttivo della cultura. Non un post-umano ma un superumano, che «liberi la vita nell'uomo stesso a vantaggio di un'altra forma» (Deleuze). Atavismo geologico che, come già menzionato, non è volontà di ritornare alle origini ma di fare in modo che le origini ritornino a noi. Pensare e riattivare il Pleistocene dunque, l'uomo "primario", la sua *hunture*, capacità nomadica ed errante di negoziare il proprio essere nel mondo, arte immaginativa che coglie, proietta, costruisce quel "senza di noi" che si profila innanzi, scartamento *sur place* che trasforma il *no-where* dell'utopia nel *now-here* della possibilità.

www.pleistocity.com